# 문화코드로 읽는 지구

# 문화코드로 읽는 지구

## 다르면서 같은
## 세계 문화 이야기

김세원 지음

인물과
사상사

서울 올림픽이 개막한 1988년 9월 17일, 저는 서울 올림픽 특별 취재반으로 강남 COEX에 마련된 메인 프레스 센터에 있었습니다. 112개 나라에서 온 1,600개 매체의 보도진 5,000여 명이 머물던 메인 프레스 센터는 말 그대로 지구촌의 축소판이었습니다. 금발에 눈이 푸른 백인, 레게 머리를 한 흑인, 수염이 덥수룩한 아랍인, 터번을 쓴 시크교 인도인, 한국인과 비슷한 아시아인 등 국적과 언어와 종교가 다른 사람들로 북적였습니다. 서울 한복판인데도 낯선 곳에 와 있는 것 같았습니다. 서울 올림픽으로 본격적인 세계화가 시작되었습니다. 올림픽 기간 중 서울 압구정동에는 미국발 세계화의 상징인 맥도날드 1호점이 문을 열었고, 올림픽을 계기로 공산권 국가들과도 교류의 물

꼬를 트게 되었습니다.

　그로부터 10년 후인 1998년 7월 12일, 저는 프랑스 월드컵 결승전이 열리는 파리 교외 생드니의 스타드 드 프랑스Stade de France에 있었습니다. 예상을 깨고 프랑스가 브라질을 물리치고 우승했지요. 알제리 이민자 2세인 지네딘 지단이 3골 중 2골을 넣었고요. 프랑스 언론은 프랑스 축구 대표 팀 22명 중 12명이 이민자의 후손이거나 해외 출신인 점에 주목했습니다. 인종과 출신지가 다양한 팀의 환상적인 협동과 조화가 승리를 가져왔다고 앞다투어 보도했습니다.

　2001년에는 영국 노퍽Norfolk주 노리치Norwich에 있는 이스트 앵글리아대학 비즈니스 스쿨에서 MBA 과정을 밟았습니다. 수업 첫 시간, 신입생들이 돌아가면서 자기소개를 했습니다. 대부분은 그 지역 직장인이었고 외국인은 영국 여성과 결혼한 나이지리아인 1명과 저밖에 없었습니다. 동기들은 우크라이나, 벨라루스, 조지아, 우즈베키스탄, 일본 등 여러 나라를 언급했으나 아무도 제 국적을 알아맞히지 못했습니다. 한국에서 왔다고 하자, 남한인지 북한인지 물었고 누군가 노랫가락을 흥얼거렸습니다. 처음 듣는 노래였습니다. 옆 사람에게 물어보니 한국전쟁 때 야전병원을 배경으로 한 미국 드라마 〈매시MASH〉의 주제곡이라고 했습니다. 식민지 출신의 개발도상국 국민 취급을 받고 있다는 굴욕감에 휩싸였습니다. 다행히 다음 해 열린 한일 월드컵 덕분에 〈매시〉는 자취를 감추고 히딩크와 박지성 등의 이름이 학생들의 입에 오르내리면서 제 자존심도 회복되기 시작했습니다.

우리는 글로벌 시대를 살고 있습니다. 세계화globalization와 글로벌 시장이라는 용어는 1983년 『하버드 비즈니스 리뷰Harvard Business Review』에 테오도어 레빗Theodore Levitt 하버드 경영대학원 교수의 칼럼 「시장의 세계화The Globalization of Markets」가 실리면서 본격적으로 논의되기 시작했습니다. 레빗 교수는 "새로운 기술 덕분에 미디어가 전 세계로 뻗어가고 통신 비용이 저렴해지면서 세계가 좁아지고 있다"면서 "그 결과 소비자의 기호가 비슷해지고 규격화한 상품을 팔 수 있는 세계적인 시장이 형성되고 있다"고 주장했습니다. 이전까지 쓰였던 국제화internationalization 가 국가 간 국경의 개념을 인정하는 용어라면, 세계화는 국경 자체를 뛰어넘어 지구 전체를 하나의 경영 단위로 삼는 개념이라고 할 수 있습니다.

세계화는 교통과 통신수단의 발달로 국제 교류가 활발해지면서 국제사회의 상호 의존성이 증가해 국가 간 경계가 약화되고 세계가 단일 체제로 묶이는 것을 의미합니다. 세계화에는 상품·자본·노동·사람 등 생산요소가 자유롭게 이동하면서 세계가 거대한 단일 시장으로 통합되는 경제적 측면의 세계화와 음악·영화·음식 등 문화 요소의 교류가 증가하고 보편적 가치가 확산되는 문화적 측면의 세계화가 있습니다. 그런데 엄밀히 말하자면 문화적 측면의 세계화란 전 지구적 차원에서 일어나는 영화 · 방송 · 음악 같은 문화 상품의 유통을 뜻합니다. 한마디로 문화 상품의 세계화인 셈입니다. 할리우드 블록 버스터 영화처럼 강대국의 문화 상품이 통신 기술의 발달에 힘입어 빠르게 전 세계로 팔려나갑니다.

프랑스의 문화인류학자 장피에르 바르니에Jean-Pierre Warnier는 『문화의 세계화』에서 미국 등 서구를 중심으로 한 문화의 전파는 문화 상품의 세계화일 뿐이며 지구 전체에서 문화 상품은 매우 불평등하게 유통되고 있다고 주장합니다. 문화 상품을 생산할 능력이 없는 대부분의 제3세계에서는 '세계화된 문화'를 누리는 것이 아니라 '세계적으로 판매되는 문화 상품'을 사들일 수밖에 없다는 것입니다. 실제로 세계화에 따른 미국 문화의 거침없는 침식으로 아프리카와 아시아에서 수많은 전통문화가 사라지고 있기도 합니다.

그렇다면 세계화는 결국 경제와 문화의 동질화 · 획일화로 이어지고 에이브럼 놈 촘스키Avram Noam Chomsky의 말처럼 세계의 맹목적 미국화, 미국식 표준화를 의미하는 것일까요? 동일성의 논리를 따르는 세계화는 이미 이루어진 바 있습니다. 제국주의 시대 유럽 열강들의 스페인화 · 네덜란드화 · 영국화 · 프랑스화가 그것입니다. 제국주의적 문화관은 자문화의 우월성을 일방적으로 강요합니다. 오늘날에도 세계 도처에서 발생하고 있는 문화 간 갈등과 분쟁의 직접적 원인은 타 문화에 대한 자문화의 우월 의식과 타 문화에 대한 편견에 기인하고 있습니다.

그러나 20세기 후반부터 본격적으로 진행된 세계화는 제국주의와는 근본적으로 다릅니다. 일방이 아니라 쌍방향, 다차원으로 진행되며 행위 주체도 정부 · 기업 · 시민 단체 · 개인에 이르기까지 다양합니다. 한편에서는 전통문화가 사라져가고 있지만 다른 한편에서는 고유한 문화 원형의 재해석과 재활성화가 이루어지고 있습니다. 할리우드 영화가 해피 엔딩, 애국심고양, 시장제일주의, 절대적 자유와 완전 경쟁의 추구 같은 미국식 가치관을 전 세계에 전파하고 있지만, 그와 동시에 세계곳곳에서 특정 지역에서만 소비되는 영화가 제작되고 있습니다. 인도 · 중국 · 이집트 등지에서 1년에 수백 편의 영화가 만들어지는데, 이들 영화는 할리우드 영화가 채워주지 못하는 지역의 문화적 감수성을 충족시켜줍니다. K-팝과 K-드라마를 필두로 한 한류는 한국 문화의 독창성을 널리 알리고 있습니다. 싸이나 방탄소년단처럼 서구 기준에서는 문화적 변방인 나라의 문화 상품이 전 세계적인 히트를 기록하기도 합니다.

20세기 초의 포드주의는 역사의 뒤안길로 사라졌습니다. 미국에서 성공한 비즈니스가 꼭 다른 지역에서도 성공하는 것은 아닙니다. 1993년 한국에 진출해 2006년 철수한 까르푸와 1998년 진출해 2006년 철수한 월마트는 지역화에 실패한 대표적인 다국적기업입니다. 맥도날드 · 코카콜라 · 스타벅스 같은 미국의 거대 기업은 고유문화가 건재한 아시아 국가의 시장에 뿌리내리려고 현지화 전략을 펼치고 있습니다.

세계화의 결과로 어떤 나라에서 일어난 사건이 다른 나라에 예상하지 못했던 엄청난 영향을 미치는가 하면, 한 나라의 문화가 다른 나라에 전파되어 원형과 전혀 다른 결과를 만들어내기도 합니다. 축구 경기의 결과부터 종교 지도자의 죽음에 이르기까지 어떤 사건이나 현상을 받아들이는 사람들의 태도와 가치를 부여하는 판단 기준은 문화에 따라 매우 다릅니다. 필 우드Phil Wood와 찰스 랜드리Charles Landry가 말했듯이 다른 문화의 사람들은 단순히 서로 다른 언어를 사용해서라기보다 서로 다른 감각의 세계에 살고 있기 때문에 같은 사건과 상황에 다르게 반응하고 대처합니다. 문화 간 소통을 원활하게 하려면 발신자와 수신자 간에 언어는 물론이고 서로 다른 문화적 감수성과 문화 코드에 대한 이해와 고려가 필요합니다.

21세기에 이르러 다양한 문화에 대한 이해와 적응력이 주목받는 이유도 여기에 있습니다. 문화 간 소통 능력은 낯설고 이질적인 다른 문화를 선입견이나 편견 없이 바라보고 자문화를 기준으로 타 문화를 평가하지 않으며 대화와 경청으로 이해를 증진하는 능력을 말합니다. 서로 다른 문화의 만남에서 가장 절실한 것은 바로 소통 능력입니다.

문화는 그 자체로 완결되거나 고정된 실체가 아닙니다. 문화 정체성이란 이미 완성된 사실, 혹은 이미 구조화된 본질이 아니라 역동적이며 미래를 향하여 열려 있는 개념입니다. 스튜어트 홀Stuart Hall은 문화 정체성은 '어떠한 존재로 있기being'의 문제이면서 동시에 '어떠한 존재가 되기becoming'의 문제라고 보았습니다. 서로 다른 고유한 문화들이 세계에 존재한다는 사실을 인정하는 바탕 위에 문화 간 역동적인 대화로 갈등을 극복해야 합니다. 다문화주의의 핵심이 서로 다른 문화의 복수적 공존을 인정하는 것이라면, 상호문화주의는 이런 문화들 사이의 역동적인 상호작용을 중시하며 서로 다른 문화적 배경과 가치관, 경험을 공유하고 이해하는 것입니다.

이 책은 우리의 삶과 세상을 바라보는 시선이 문화에 따라 어떻게 다른지, 세계화가 가져온 다양한 변화가 개인과 글로벌 비즈니스에 어떤 영향을 미치는지를 살펴보는 보고서이자 다문화 시대에 나침반 역할을 하는 안내서입니다. 1부 「서로 다른 지구인」에서는 폰스 트롬페나스Fons Trompenaars와 찰스 햄든터너 Charles Hampden-Turner, 에드워드 홀Edward Hall, 헤이르트 호프스테더 Geert Hofstede 등 문화 차이를 비교 설명하는 개념적 틀을 소개했습니다. 2부 「생각보다 먼 아랍과 미국」에서는 아랍과 미국의 문화적 거리를 보여주는 이론적 모형들을 실제 사례에 대입해 소개했습니다. 3부 「낯선 이의 눈에 비친 한국」은 우리는 미처 인식하지 못하고 있으나 외국인의 시선을 사로잡는 한국 문화의 매력을 보여줍니다. 4부 「축제, 일상 탈출의 전통」에서는 다른 문화권의 사람들이 시간을 어떻게 구조화하고 어떤 방식으로 일상에서 일탈을 감행하는지 세계 각국의 축제와 공휴일을 비교했습니다. 5부 「'다름'을 이해하는 몇 가지 방법」에서는 미국과 유럽, 동양과 서양의 문화 차이에 초점을 맞추되 세계 지역화 전략, 혹은 전 지구적 이슈를 끌어들인 마케팅 전략으로 성공한 기업의 사례를 소개했습니다.

21세기는 자국 문화의 우월성을 놓고 경쟁하는 시대가 아니라 문화의 향유와 공유가 핵심이 되는 시대입니다. 로빈 코언 Robin Cohen과 폴 케네디Paul Kennedy가 세계성globality은 지역성locality에 의해 수정되고 변경된다고 강조한 것처럼 이 시대는 문화의 다양성, 나아가 문화의 공존을 인정하고 장려하는 통섭의 정신을 필요로 합니다. 강자의 지배 논리와 고정관념에 사로잡힌 기업은 오래가지 못합니다. 국가는 다른 문화의 장점을 받아들이면서도 자국 문화의 고유성과 정체성을 유지할 방법을 고민해야하고 기업은 문화 거리를 좁히려는 노력, 문화 다양성을 인정하고 적극적으로 수용하는 자세로 글로벌 비즈니스에 임해야 합니다.

문화 공존은 글로벌 비즈니스에 종사하거나 유학이나 이주, 해외 선교를 계획하는 사람들만 고민할 문제가 아닙니다. 다양한 문화적 배경을 가진 사람들이 우리가 살고 있는 곳으로 들어와 활동하고 있습니다. 이 책이 21세기 다문화 시대를 살아가는 우리의 문화 간 소통 능력을 키우는 데 도움이 되기를 바랍니다.

2019년 1월, 김세원

# 3. 낯선 이의 눈에 비친 한국

# 4. 축제, 일상 탈출의 전통

# 5. '다름'을 이해하는 몇 가지 방법

# 1

## 서로
## 다른
## 지구인

# 아시아는 왜

## 이모티콘에 열광할까?

여러분은 휴대전화로 메시지를 보낼 때 이모티콘을 얼마나 사용하시나요? 2015년 시장조사 기업 마크로밀엠브레인이 1,000명을 대상으로 조사한 결과에 따르면 80퍼센트가 모바일 이모티콘을 일상적으로 이용한다고 합니다. 한국인의 97퍼센트가 사용하는 카카오톡이 2018년 발표한 자료를 보면 2,700만 명이 하루 6,667만 건, 한 달에 20억 건의 이모티콘을 주고받으며 대화를 나눈다고 합니다. 이모티콘을 본격적으로 쓰기 시작한 2012년 한 해 동안 280만 명이 4억 건을 발송한 것과 비교하면 엄청난 성장입니다. 모바일 이모티콘의 주 소비자층은 10~30대 청소년·청년층이지만 중·장년층에서도 사용자가 늘고 있습니다. 이모티콘을 쓰면 말로 하기 어려운 복잡 미묘한 감정이나 설명하기 곤란한 상황도 쉽게 전할 수 있기 때문이 아닐까 싶습니다. 또 'OK', '네' 등으로 간단하게 응답하면 성의가 없어 보이지만 귀여운 이모티콘과 함께 보내면 무성의함을 감출 수 있는 것도 이모티콘을 활용하는 이유 중 하나일 것입니다. 그런데, 이모티콘이 유독 아시아에서 많이 활용되고 있다는 사실, 알고 계신가요?

## 이모티콘의 역사

문자로 주고받는 대화는 아무래도 제한적입니다. 얼굴을 보고 직접 이야기하거나 통화할 때에 비해 말하는 사람의 감정이나 분위기를 파악하기가 쉽지 않습니다. 내용만으로는 농담인지, 진지한 것인지, 화난 것인지, 정말 궁금해서 물어보는 것인지 알 수 없어 당황스러울 때도 많습니다. 손 편지 시대를 지나 전자우편과 온라인 채팅 시대를 맞아 사람들은 문자에 감정을 실어 보낼 방안을 고심해왔습니다. 감정을 뜻하는 영어 '이모션 emotion'과 유사 기호를 뜻하는 '아이콘icon'의 합성어인 '이모티콘emoticon'은 이런 필요성에서 탄생했습니다.

감정을 나타내는 아이콘이라는 의미를 가진 이모티콘은 1982년 미국 카네기멜런대학 컴퓨터공학과의 인트라넷에서 시작되었다고 합니다. 게시판에 올린 물리학 문제를 실제 상황과 헷갈려 하는 학생들에게 스콧 팰먼Scott Fahlman 교수가 농담이

스마트폰 메신저 사용이 늘어나면서 '이모티콘 없는 대화'는 상상하기 어려운 것이 되어가고 있습니다.

란 뜻의 :-)와 실제 상황이란 뜻의 :-( 2가지를 제안한 이후 전세계로 전파되었습니다. 우리나라에서도 인터넷 사용 초기에 한동안 쓰다가 점차 눈웃음을 부각한 ^^으로 바뀌었지요. 이웃 일본도 ^-^을 많이 사용합니다.

1990년대 중반 PC 통신으로 채팅하던 시절, 상대에게 호의를 표시하려면 문장 끝에 ^^을 붙이는 게 필수였습니다. 난처할 때는 웃으면서도 진땀을 흘렸고(^^;;), 낙담하거나 위로를 바랄 때는 눈물을 흘리기도 했습니다(ㅜㅜㅜ). 휴대전화가 보편화된 이후, 이모티콘의 필요성은 갈수록 높아졌습니다. 특히 분량이 제한된 초창기 문자메시지에 이모티콘은 매우 효율적인 표현 수단이었습니다.

그림도 자유자재로 표현할 수 있는 인터넷 메신저는 이모티콘의 신세계를 열었습니다. MSN 메신저, 네이트온 같은 PC 메신저는 문장 기호가 아니라 그림으로 된 이모티콘을 선보였습니다. 단순한 얼굴부터 하트, 생일 케이크, 꽃다발 등 다양한 모양의 이모티콘이 쏟아져 나왔습니다. 사람들은 자신의 마음을 더 생생하고 개성 있게 전해주는 이모티콘의 매력에 빠지게 되었습니다.

**스토리와 개성이 있는 이모티콘의 탄생**

2009년 아이폰의 등장으로 시작된 스마트폰 시대에 이모티콘은 또 한 차례 진화합니다. '스티커'라 불리는 캐릭터 이모티콘을 가장 먼저 선보인 곳은 네이버 제팬의 라인으로, 2011년 6월 모바일 메신저 서비스 개시와 동시에 4종의 스티커를 출시했습니다. 샐러리맨을 대표하는 동그란 얼굴의 문, 변덕쟁이 토끼 코니, 소심하지만 화나면 무서운 곰 브라운, 금발의 나르시스트 청년 제임스 등 자체 개발한 4가지 캐릭터를 바탕으로 한 '라인 프렌즈'였지요. 폭발적인 반응에 힘입어 샐리(병아리), 제시카(고양이), 부장님(대머리 아저씨), 에드워드(애벌레), 레너드(개구리) 등 5가지가 추가되었습니다. 한국 회사인 네이버가 모바일 메신저에 사용하는 캐릭터 이모티콘의 테스트 마켓으로 한국이 아닌 일본을 선택한 것도 흥미롭습니다.

네이버가 개발한 모바일 메신저 라인은 '스티커'라는 캐릭터 이모티콘을 내세워 일본 모바일 메신저 점유율 1위를 기록했습니다.

카카오톡은 2011년 11월 이모티콘 서비스를 시작한데 이어, 2012년 9월 '카카오 프렌즈'라는 캐릭터 이모티콘을 선보이며 한국 대표 모바일 메신저로 등극합니다. 카카오 프렌즈는 새침데기 고양이 네오와 순박한 강아지 프로도, 화나면 초록색으로 변하는 오리 튜브, 토끼 탈은 쓴 단무지 무지, 과격한 악동 복숭아 어피치 등 엉뚱하면서도 기발한 개성이 톡톡 튀는 7가지 캐릭터로 구성되어 있습니다.

카카오톡의 이모티콘은 2011년 6종에서 2018년 5,500종으로 폭발적으로 늘었습니다. 한국보다 일본 등 해외 이용자가 많은 라인은 무려 26만여 종의 스티커를 판매하고 있습니다. 웃는 표정 하나만 보더라도 캐릭터마다 6~8가지가 되니 이쯤 되면 이모티콘으로 표현하지 못할 감정은 없다고 해도 과언이 아닙니다. 이모티콘을 '감정의 대변인'이라고 부르는 것도 무리가 아닙니다. 이에 비해 페이스북 메신저 등 서양의 모바일 메신저에서 제공하는 이모티콘은 특별한 스토리나 개성을 가진 캐릭터가 없고 종류도 다양하지 않습니다.

## 아시아를 장악한 라인

시장조사 업체 스트라베이스 등에 따르면 2014년 2분기 기준 중국을 제외한 글로벌 모바일 메신저 점유율 1위는 미국의 왓츠앱(39퍼센트)입니다. 왓츠앱은 미국과 유럽은 물론 아프리카까지 장악해 가입자가 7억 명, 월간 이용자 수가 6억 명에 달합니다. 2위는 페이스북 메신저(36퍼센트)로 월간 이용자는 약 5억 명에 달합니다. 그 뒤를 스카이프(32퍼센트)와 일본 라쿠텐이 인수한 바이버(12퍼센트)가 잇고 있습니다. 4위는 라인(10퍼센트)입니다.

라인은 일본은 물론 타이완·태국·인도네시아 등에서 크게 성공하면서 가입자 5억 6,000만 명, 월간 이용자 1억 7,000만 명을 기록했습니다. 한국의 대표적인 모바일 메신저 애플리케이션 카카오톡은 점유율 6퍼센트로 5위를 차지했습니다. 카카오톡 가입자는 1억 2,000만 명, 월간 이용자는 4,800만 명 수준입니다. 중국의 텐센트가 모기업인 위챗은 가입자 6억 명, 월간 이용자가 4억 6,800만 명이지만 중국을 제외한 세계시장 점유율은 4퍼센트에 불과해 6위에 그쳤습니다.

여기서 주목할 점은 왓츠앱, 페이스북 메신저, 스카이프 등 서양에서 개발된 모바일 메신저에 비해 카카오톡, 라인처럼 동양에서 개발된 모바일 메신저에서 이모티콘을 활발하게 이용한다는 점입니다. 서양의 모바일 메신저는 메신저 본연의 송수신 기능에 충실한 반면 카카오톡과 라인은 다양한 이모티콘을 추진 엔진으로 아시아에서 폭발적인 성장세를 보이고 있는 것이죠.

일본에서 라인 사용자들이 하루 동안 보내는 메시지는 70억 건으로, 매일 3억 8,900만 개의 스티커를 보내고 있다고 합니다. 다양한 이모티콘은 매출에도 큰 영향을 미칩니다. 2018년 11월 카카오가 이모티콘 스토어 6주년 기념으로 발표한 자료를 보면 6년 동안 출시된 이모티콘 상품은 5,500여 개로 1,700만 명이 이모티콘을 구매했다고 합니다. 라인에서 판매하는 유료 스티커는 무려 26만 여종으로, 일본에서만 한 달 평균 900억 원의 매출을 올린다고 합니다. 일본에서는 이모티콘만으로 대화하는 '스탬프 커뮤니케이션'이라는 신조어가 생겨나기도 했습니다. '라인 프렌즈'는 2015년 독립 법인으로 분사한 후 뉴욕 · 상하이 · 베이징 · 홍콩 · 도쿄 등 전 세계 11개국에 132개 매장을 운영하고 있는데, 2015년 376억 원이던 글로벌 매출액은 2017년 3배 가까운 1,267억 원까지 치솟았습니다.

서로
다른
지구인

라인은 2011년 태국에 진출해 2014년 현지법인을 설립했는데 6,800만 명 태국 인구의 절반인 3,300만 명이 라인을 사용하고 있어 현지에서는 '국민 메신저'로 통한다고 합니다. 실제로 영국 마케팅 조사 업체 위아소셜We are Social이 발표한 「디지털 2016」 보고서에 따르면 태국 모바일 메신저 시장에서 라인은 29퍼센트의 시장점유율로 1위를 차지했습니다. 다음으로 페이스북 메신저(28퍼센트)와 왓츠앱(11퍼센트)이 각각 2, 3위를 차지하는 것으로 나타났습니다. 라인 태국 법인의 관계자는 라인의 인기 비결에 대해 "표정으로 감정을 전달하는 이모티콘이 태국인의 기질에 맞기 때문"이라고 설명했습니다.

아시아 지역에서 이처럼 이모티콘이 활발하게 사용되는 이유는 무엇일까요? 결론부터 말하면 이모티콘이 감정 표출의 통로가 되기 때문입니다. 한국 · 일본 · 중국 · 타이완 등 아시아에서는 주변과의 조화, 중용을 추구하고 자신의 감정을 드러내지 않는 것을 미덕으로 여기는 문화를 공유해왔는데요, 역설적으로 다양한 이모티콘으로 억제된 감정을 표출하고 싶어 하는 욕구가 강하게 나타나면서 이모티콘 개발과 이용이 활발해진 것으로 보입니다.

## 감정 표현을 도와주는 이모티콘

네덜란드의 폰스 트롬페나스Fons Trompenaars 박사와 영국의 찰스 햄든터너Charles Hampden-Turner 케임브리지대학 교수는 30개 다국적기업 매니저 5만 3,000명을 대상으로 기업 경영에 미치는 문화의 영향을 연구했는데요, 그 과정에서 사람들이 감정을 드러내는 데 문화권에 따라 차이가 있다는 사실을 발견하고 감정 표현을 절제하는 문화와 적극적인 문화의 차이를 확인했습니다. 감정 표현에 적극적인 문화에서는 웃음 · 미소 · 비웃음 · 표정 · 몸짓 등으로 솔직하게 감정을 드러내는 반면, 감정 표현을 절제하는 문화의 사람들은 자신의 감정을 억누르는 경향이 강한 것으로 나타났죠.

감정 표현의 절제 수준에 대한 연구 결과 쿠웨이트는 조사 대상자의 15퍼센트만이 자신의 감정을 공개적으로 드러내지 않겠다고 응답해 감정 표현에 가장 적극적인 나라인 것으로 나타났습니다. 그 뒤를 이집트(18퍼센트), 스페인(19퍼센트), 사우디아라비아(20퍼센트), 쿠바(19퍼센트), 프랑스(30퍼센트), 이탈리아(34퍼센트) 등이 잇고 있습니다. 그러니까 쿠웨이트 · 이집트 · 사우디아리비아 같은 중동 국가와 스페인 · 프랑스 같은 라틴 유럽 국가 사람들은 다른 사람에게 자신의 감정을 드러내는 데 거침이 없다는 것입니다.

반면 에티오피아는 조사 대상자의 81퍼센트가 감정을 공개적으로 표현하지 않겠다고 응답했고 그 뒤를 일본(74퍼센트), 폴란드(70퍼센트), 홍콩(64퍼센트), 오스트리아(59퍼센트), 중국(55퍼센트), 인도네시아(55퍼센트) 등이 뒤따랐습니다. 라인이

서로
다른
지구인

강세를 보이는 지역이 일본 · 타이완 · 태국 · 홍콩 · 인도네시아 등 감정 표현을 절제하는 문화의 국가인 것과 맥이 통하는 것을 확인할 수 있습니다. 이들 아시아 국가는 공개적으로 감정을 표현하는 것이 자유롭지 않다 보니 모바일 이모티콘으로 자신의 감정 상태를 간접적으로 표현하고자 하는 것입니다. 네이버가 라인 프렌즈를 일본에서 먼저 개시한 것도, 일본 사람이 한국인보다도 훨씬 감정 표현에 인색하다는 사실을 알고서 그랬는지도 모릅니다.

## 미국의 감정 표현 문화 vs. 일본의 감정 억제 문화

일본 홋카이도대학 행동과학과 유키 마사키結城雅樹 교수는 일본과 미국의 이모티콘 차이를 연구해 2007년 왜 미국에서는 웃는 표정을 :)으로 쓰고, 일본에서는 ^-^으로 쓰는지 논문을 발표하기도 했습니다. 마사키 교수는 "미국인은 치아를 드러내고 입으로 웃는 표정을 짓는 것을 '웃는다'고 생각한 반면 일본인은 눈으로 웃어야 '웃는다'고 본다"고 결론지었습니다.

자신의 감정을 공개적으로 드러내는 미국인과 자신의 속내를 좀처럼 드러내지 않는 일본인의 차이를 보여주는 또 다른 일화를 소개하겠습니다. 놀이공원의 롤러코스터를 제작하는 미국 캘리포니아의 한 회사는 일본에 놀이 기구를 설치한 후, 이상한 점을 발견했습니다. 놀이 기구 설계와 설치에 문제가 없었는데

감정 표현이 자유로운 미국에서는 입을 사용해 크게 웃는 것이 일반적입니다. 하지만 감정 표현이 소극적인 일본에서는 입을 덜 사용하고 눈으로 웃는 표정을 드러냅니다.

도 머리, 특히 이마를 부딪치는 사고가 자주 발생했습니다. 알고 보니 가속 구간과 급회전 구간에서 미국 승객과 다른 일본 승객의 태도에서 비롯된 문제였습니다.

스릴을 만끽하는 순간에 상체를 똑바로 세우고 큰 소리를 지르거나 손을 흔드는 미국과 유럽의 승객 성향에 맞추어 놀이 기구를 설계했는데, 일본 승객들은 가속도가 붙어 스릴이 절정에 달하는 순간에 오히려 몸을 반쯤 숙이면서 머리를 낮추어 앞쪽의 신체 고정용 바에 이마를 부딪치게 된다는 것이었습니다. 극한 상황에서도 타인의 눈을 의식해 긴장하거나 공포에 질려 일그러진 모습을 남에게 보이고 싶지 않다는 것이지요. 결국 이 회사는 큰돈을 들여 일본에 설치한 놀이 기구의 설계를 변경할 수밖에 없었습니다.

문화의 차이는 이모티콘 활용법에도 영향을 미칩니다. 라인의 한 관계자는 "이슬람 국가에서는 라마단 기간에 배고픔을 표현하는 이모티콘이 많이 쓰이고, 브라질에서는 근육질의 남성미 넘치는 캐릭터가 인기 높다"고 귀띔했습니다. ^^나 ㅜㅜ 정도였던 이모티콘은 빠르게 진화하며 이제는 말로 하기 어려운 복잡 미묘한 감정, 설명하기 곤란한 상황까지도 쉽게 표현할 수 있게 되었습니다. 2014년 왓츠앱을 인수한 페이스북의 한 관계자는 "아시아권 모바일 메신저의 이모티콘에 많은 영감을 받았다"고 밝혔는데요, 한국 회사에서 시작된 모바일 이모티콘이 세계 모바일 메신저의 표준 소통 방식으로 자리 잡을 날이 머지않은 것 같습니다.

# 한국에서

## 눈치가 중요한 이유

    신입사원이 선배에게 가장 많이 듣는 말 중 하나가 "눈치껏 해라", "눈치도 없냐"와 같은 '눈치'에 대한 말이 아닐까 싶습니다. 눈치를 사전에서 찾아보면 "남의 마음을 그때그때 상황으로 미루어 알아내는 것"이라고 정의되어 있습니다. 눈치가 있다는 것은 상황에 따른 맥락context을 잘 이해하는 것이라고도 해석할 수 있습니다.

    미국의 문화인류학자 에드워드 홀은 1976년에 출판한 저서 『문화를 넘어서』에서 문화를 고맥락high context 문화와 저맥락low context 문화로 구분했는데요, 의사소통에서 의미와 정보 전달이 문자나 말에 의존하는 부분이 클수록 저맥락 문화, 적을수록 고맥락 문화로 나눌 수 있습니다. 저맥락 문화는 말해진 것, 문서에 표기된 내용이 중요하지만 고맥락 문화는 언어보다는 상황 중심입니다. 고맥락이란 '많이 얽혀 있다'는 의미입니다. 그래서 고맥락 문화권이나 저맥락 문화권이냐에 따라 소통 방식에도 차이가 발생합니다.

## "말하지 않아도 알아요"

고맥락 문화권의 사람들은 대화할 때 상대방이 자신이 이야기하고자 하는 것을 짐작하고 있다고 믿기 때문에 구체적이고 세세하게 말할 필요가 없다고 생각하는 경향이 있습니다. 그래서 말을 듣는 사람도 상대방의 말을 문자 그대로 받아들이지 않습니다.

한국과 같은 고맥락 문화권에서는 말을 곧이곧대로 받아들이거나 말속에 숨겨진 의미를 이해하지 못하면 문제가 생길 수 있습니다. 며느리가 시부모님이 "이번 명절에는 안 와도 된다"고 말했다고 정말로 명절에 시부모님 댁에 가지 않는다면 두고두고 원망을 들을 것을 각오해야 할 것입니다. 고맥락 문화에서는 행간을 잘 읽고 눈치와 직관을 발휘해 상황에 적절하게 대처하는 것이 필요합니다.

## 문서가 아니면 의미가 없다

저맥락 문화권 사람들은 말이나 글로 직설적이고 정확하게 의사표시하기를 좋아합니다. 구두 약속보다 문서가 앞서고, 문서에 서명하는 순간 효력이 발생합니다.

제가 1992년 프랑스로 연수를 갔을 때 이야기입니다. 작은 스튜디오를 9개월 간 빌리기로 부동산 중개 업소와 계약을 체결하는데 임차 계약서에 벽에 박힌 못과 못 구멍 숫자까지 기록해놓은 것을 보면서 정말 인심이 야박하다고 느꼈습니다. 계약 기간이 끝나고 스튜디오 상태를 점검할 때, 가구나 집기 상태는 물론, 못 구멍의 숫자까지 확인해서 숫자가 늘어나면 벽이 그만큼 손상된 것이니 이를 계산해 임대 보증금에서 차감합니다.

저맥락 문화권에 속하는 미국 · 독일 · 영국 등에서는 싱크대를 고치는 것부터 학교에서 수강할 과목을 변경하는 일까지 일일이 편지를 보내야 합니다. 그것도 내용증명이나 등기로 보내는 것이 안전합니다. 상대방이 편지를 받지 못했다고 할 수도 있기 때문입니다. 부동산 중개 업소에 전화를 걸어 수리해달라고 요청했으니 수리공을 불러줄 것이라고 생각하면 오산입니다. 등기를 보내지 않으면 수리공은 영원히 오지 않을지도 모릅니다. 저맥락 문화권에서는 말로 해결할 수 있는 것이 거의 없습니다. 상대방과 10년 지기니 괜찮을 것이라고 여긴다면 낭패를 볼 수 있습니다.

미국과 북·서유럽의 저맥락 문화권에서는 결혼에 앞서 이혼에 대비해 자녀 양육, 재산 분할, 위자료 등에 대한 내용을 구체적으로 담은 결혼 계약서를 작성하는 것이 일반적입니다. 그러나 동아시아 같은 고맥락 문화권에서는 사랑에 빠진 남녀가 결혼식을 올리기도 전에 이혼에 대비한 계약서를 작성하는 것을 이해하기란 쉽지 않습니다. 고맥락 문화권에 속하는 한국에서 결혼을 약속한 상대가 결혼 계약서를 작성하자고 제안한다면 어떤 일이 벌어질까요? 그 말을 들은 사람은 아마도 사랑이 식었다고 여기고 심각하게 파혼을 고려할지도 모릅니다.

같은 유럽이라도 독일·네덜란드·덴마크·스칸디나비아 국가 등 북유럽 국가는 저맥락 문화에 속하고 프랑스 남부·이탈리아·그리스·스페인·포르투갈 등 남쪽으로 갈수록 고맥락 문화라고 할 수 있습니다. 그래서 유럽 내에서도 대화나 행동 양식에서 큰 차이를 보입니다.

## 계약서를 바라보는 다른 시각

저맥락 문화권에서는 낯선 상대와 단도직입적으로 사업 이야기를 하는 것을 당연하게 생각하고 처음부터 선물이나 접대를 받는 것은 어색하고 부담스럽게 여깁니다. 처음 만나면 아이스 브레이킹ice-breaking 차원에서 스몰 토킹small talking을 하지만 대개 5분 이내로 끝나고 대화의 주제도 날씨·음식·스포츠 같은 사소한 토픽에 집중되어 있습니다. 반면 고맥락 문화권에서는 사업이 성사되기 전에 먼저 선물과 접대를 통해 친밀한 인간관계를 구축하는 것을 중요하게 여깁니다. 인간관계가 사업의 성공과 지속 여부를 가르는 핵심이라고 생각하기 때문이지요.

저맥락 문화권의 사람들에게 계약서는 반드시 준수해야 할 법, 그 자체인데 비해 고맥락 문화권의 사람들은 계약서를 인간적 유대 관계를 형성하고 다지기 위한 과정의 산물이라고 여깁니다. 때문에 유연한 해석이나 적용이 가능하다고 생각하지요. 그래서 사업 계약서를 둘러싼 개념 차이로 인해 국제 비즈니스가 실패하는 경우가 종종 발생합니다. 일단 인간관계가 구축되고 나면 외부 환경의 급격한 변화가 발생했을 때 수개월 또는 수년 간의 협의로 체결된 계약서라도 융통성 있게 수정할 수 있다고 보는 고맥락 문화와 한 번 작성된 계약서는 철석같이 지켜야 한다는 저맥락 문화의 충돌을 충분히 예상할 수 있습니다.

## 생활 방식이 갈라놓은 문화 차이

그렇다면 고맥락 문화와 저맥락 문화는 어떻게 생겨난 것일까요? 일본·한국·중국과 같은 한자 문화권에 속한 동아시아 국가나 벼농사를 짓는 농경민족은 대개 고맥락 문화에 속합니다. 벼농사는 일정 기간 대규모 노동력이 필요하기 때문에 사람들이 한곳에 정착해 대가족을 이루고 살았습니다. 생활 기반이

농사를 짓는 것이라 굳이 이동할 필요도 없었습니다. 그러다 보니 민족적으로 동질성이 높고 역사·습관·언어·종교 등에서 공유 맥락의 비율이 높은 고맥락 문화가 형성된 것으로 보입니다. 반면 네덜란드·덴마크·스웨덴·노르웨이처럼 해상무역이 발달한 나라는 사람의 이동이 잦고 한번 출항하면 언제 돌아올지 모르기 때문에 문서로 거래 내용과 계약 당사자의 유고 시 대리인을 지정해 합의 사항을 승계하는 절차까지 남겨놓는 것이 필요했을 겁니다.

『하멜 표류기』는 17세기 조선의 존재를 유럽에 처음으로 알린 책으로 널리 알려져 있는데요, 이 책이 헨드릭 하멜Hendrik Hamel이 조선에 억류되어 있던 14년 동안 받지 못한 임금을 본사에 청구하려고 작성한 보고서였다는 사실은 잘 알려져 있지 않죠. 네덜란드 동인도회사의 선원이었던 하멜은 1653년 동료들과 타이완에서 일본 나가사키로 가던 중 태풍을 만나 제주도에 표착했다가 조선을 탈출한 지 2년 만에 본국으로 귀국해 1668년 하멜표류기를 출판했습니다.

## 미국은 왜 소송 천국이 되었을까?

한편 미국·캐나다·호주처럼 이민으로 건국된 다민족국가들도 저맥락 문화권에 속합니다. 초기 미국 정착민은 영국의 청교도나 퀘이커교도처럼 종교적 박해를 피해온 사람들이거나,

독일의 개신교도들처럼 더 나은 삶을 위해, 혹은 대기근 이후 아일랜드인들처럼 경제적 이유로 모국을 떠난 사람들이었습니다. 출신 배경이 서로 달랐기에 동질적인 문화 배경이 존재하지 않았죠. 출신지별로 흩어져 살고 있는 사람들의 합의를 이끌어내려면 말보다는 문서, 정확한 언어 표현이 중요했을 겁니다. 고속도로에서 교통사고가 나면 구급차보다 변호사가 먼저 달려오고 소송 천국이라는 이야기를 들을 정도로 미국 사회에서 일반화된 법률 우선주의는 미국이 이민자들이 건국한 나라기 때문이 아닐까 싶습니다.

디트로이트의 한 라디오 방송국에서는 매년 '황당 경고문 콘테스트'가 열리는데요, 청취자가 제보한 황당한 경고문을 심사해서 가장 황당한 경고문을 선별해 순위를 매깁니다. 2007년 1위는 "세탁기에 사람을 넣지 마세요"였다고 합니다. 이 밖에 "유모차를 접기 전에 아이를 먼저 빼내세요", "성냥을 켜서 연료 탱크를 확인하는 일은 절대 하지 마세요", "휴대전화를 전자레인지에 넣어 말리지 마세요" 등도 뽑혔다고 합니다. 기업들이 이처럼 상식적으로 일어나기 힘든 일에 대한 경고문을 넣는 이유는 소비자 소송을 예방하기 위해서입니다.

덩크슛을 하다가 골대에 걸려 이를 다친 남자가 골대 제조 업체에 제기한 소송, 도주 중 동상에 걸려 발을 절단하게 된 성추행범이 빨리 자신을 잡지 않았다고 경찰을 소송하는 일까지 벌어지는 곳이 미국입니다. 실제로 1992년 한 할머니가 맥도날

"사람을 세탁기에 넣지 마시오"라는 세탁기 경고문입니다. 당연한 내용도 미리 고지하지 않았다는 이유로 고소를 당할 수 있기 때문에 이런 내용까지 명시해놓습니다.

드 매장에서 자기 잘못으로 주문한 커피를 엎질러 화상을 입었는데도 뜨거운 커피의 위험성을 미리 알리지 않았다고 맥도날드를 대상으로 소송을 제기해 290만 달러의 배상금을 받아낸 사례가 있었습니다.

미국 전역에서 2초마다 1건의 소송이 있고, 매년 전체 GDP의 2.2퍼센트인 2,000억 달러가 소송비용으로 쓰인다고 합니다. 현직 판사가 자신의 바지를 잃어버렸다는 이유로 한인 세탁소 주인에게 6,500만 달러의 손해배상 소송을 제기해 국제적인 관심으로 모았던 '바지 소송'도 소송 천국인 미국 사회의 단면을 보여주는 사례라고 할 수 있습니다. 그래서 미국에서는 소송 남용을 막기 위한 소송 개혁tort reform이 중요한 화두가 되고 있습니다. 소비자 권리를 보호하려고 시행된 소비자보호법과 제조물책임법의 오·남용으로 발생한 법률 만능주의의 부작용은 문서의 글귀에 천착하는 저맥락 문화가 낳은 부작용이라고 할 수 있습니다.

# 외계인,

## 꽃미남과 괴물 사이

2013년 방영된 드라마 〈별에서 온 그대〉를 기억하시나요? 종영한 지 몇 년이 지난 뒤에도 중국에서는 여전히 인기가 높았습니다. 주연 배우 김수현과 전지현의 광고 출연료는 물론 한국 치킨과 맥주, 라면, 의류, 화장품 등 관련 기업의 매출을 폭발적으로 성장시키는 견인차 역할을 톡톡히 했습니다. 2014년 중국에서 우주 공간을 배경으로 한 할리우드 영화 〈인터스텔라〉가 대박을 터뜨리자, 〈별에서 온 그대〉가 우주에 대한 관심을 촉발시켜 중국 관객들을 극장으로 불러들였다는 분석까지 나왔을 정도입니다. 정식으로 방영되지도 않은 이 드라마가 왜 그토록 중국 사람들의 마음을 사로잡았을까요? 초능력을 가진 꽃미남 외계인과 슈퍼스타의 사랑이라는 〈별에서 온 그대〉의 스토리가 중국 사람들이 오랫동안 간직해온 도교적 정서를 잘 반영했기 때문이라는 분석이 유력합니다.

## 동서양의 외계인

400년 전 조선에 온 도민준은 영원히 늙지 않는 아름다운 외모에 400년간 축적한 엄청난 재력, 오랜 세월을 살아오면서 얻은 방대한 지식과 연륜을 갖춘 인물입니다. 매의 시력과 늑대의 청력, 순간 이동 능력, 가까운 미래에 일어날 일을 볼 수 있는 초능력도 겸비했지요. 시공간을 초월하는 서사 구조와 천상 세계(지구 밖)에 살다가 인간 세상에 내려온 신선(외계인)이라는 설정은 도교적 색채가 짙은 중국 고전문학의 전형으로 중국인의 정서에 잘 부합하는 이야기입니다. 〈천녀유혼〉, 〈백사전〉, 〈서유기〉, 〈진용〉 등 중국·타이완·홍콩에서 만들어진 판타지 영화는 대체로 이런 설정이 있습니다. 도민준이 한중 설화나 고전문학 속 신선과 다른 점이 있다면 백발에 긴 수염을 드리운 뚱뚱한 할아버지가 아니라 세련되고 훤칠한 꽃미남이라는 점입니다. 게다가 설화나 고전문학 속의 외계인은 나라를 지키기 위해 갖가지 초능력을 발휘하는데 비해 도민준은 자신이 사랑하는 여인을 위해 초능력을 쓴다는 점에서 여성들의 완벽한 로망이 될 수 있었죠.

중국의 전통적 신선도인 〈팔선과해도八仙過海圖〉에는 노인, 중

년 남자, 피리 부는 젊은이, 연꽃을 든 젊은 여인 등 인간 세상
의 빈부귀천과 남녀노소를 형상화한 신선 8명이 등장합니다.
술사가 알려준 대로 모년 모월 모일 모처에서 바둑을 두고 있
는 두 노인을 찾아가 술과 고기를 대접한 덕분에 80세나 수명
을 연장했다는 위나라 청년의 설화는 하늘의 별이 인간의 운명
을 결정한다는 중국적 우주관을 반영하고 있습니다. 지상에 내

려와 바둑과 술을 즐기는 두 노인의 정체는 사람의 생명을 관
장하는 남두육성과 죽음을 관장하는 북두칠성이라고 합니다.
　한국의 고전문학과 설화에서도 천상 세계에 살다가 죄를 짓

파도를 건너는 신선들의 모습을 표현한 김홍도의 〈파상군선도波上群仙圖〉입니다. 국립중앙박물관 소장.

고 지상으로 내려와 인간으로 환생한 신선과 선녀 이야기가 심심치 않게 등장합니다. 조선 시대 소설 『박씨부인전』의 주인공 박씨 부인은 병자호란 때 초인적 능력으로 왕을 구하는 여성 영웅으로 묘사되어 있습니다. 박씨 부인은 하늘의 선녀로 죄를 짓고 인간 세상에 내려와 죗값을 치르기 위해 흉측한 탈을 뒤집어쓴 채 남편과 시집 식구의 온갖 구박을 받아야 했습니다. 또 다른 조선 시대 소설 『구운몽』의 주인공 양소유도 원래는 육관대사의 제자였으나 팔선녀를 희롱한 죄로 인간 세상에 유배

서로
다른
지구인

영화 〈에이리언〉에 나오는 괴물의 모습입니다. 서양에서는 외계인을 대부분 무섭고 흉측한 괴물로 그립니다.

되어 태어난 것으로 설정되어 있습니다.

　이렇듯 동아시아에서는 다른 세계에서 온 존재를 그다지 위협적으로 그리지 않았습니다. 오히려 인간 세상에 도움을 주고 나라를 구하는 선남선녀 또는 영웅의 모습으로 그려내지요.

　그런데 서양 영화나 드라마에 등장하는 외계인은 어떤가요? 한결같이 흉측한 괴물이거나 인류를 멸망시키려는 위협적인 악당으로 묘사하고 있습니다. 흉측한 몰골의 외계인이 정글에 모습을 감춘 채 미군 병사들을 잡아먹는 영화 〈프레데터〉, 인간의 몸에 기생하는 우주 생명체가 등장하는 〈에이리언〉 시리즈, 인간으로 변장한 파충류 외계인의 지구 침공을 그린 〈V〉 시리즈, 화성인의 지구 침공을 다룬 〈우주전쟁〉 등이 모두 그렇습니다. 소설이나 영화에 묘사된 외계인은 머리는 큰데 몸통과 팔

다리는 작고 보잘것없는 문어 같은 모습이거나 입만 큰 괴물의 형상입니다. 동양과는 많이 다르지요.

## 자연을 바라보는 시선의 차이

동서양이 생각하는 외계인의 외모와 성격이 이처럼 상반되는 이유는 무엇일까요? 가장 큰 이유는 인간과 자연의 관계를 바라보는 동서양의 시각차 때문입니다. 미국의 문화인류학자 플로렌스 클럭혼Florence Kluckhohn과 프레드 스트로트벡Fred Strodtbeck은 서로 다른 사회의 문화지향성cultural orientations을 비교하기 위해 인간 본성과 인간관계, 인간과 자연의 관계, 인간의 행동 양식, 삶에 대한 태도 등 6가지 문제에 대한 질문을 제시했습니다. 글로벌 경영자들은 이를 통해 자국과 현지의 경영자 또는 종업원의 가치관과 행동이 어떻게 다른지 비교할 수 있습니다.

클럭혼과 스트로트벡은 이 중에서 인간과 자연의 관계에 대한 인식을 바탕으로 문화를 3가지로 분류했습니다. 첫 번째는 '자연 지배', 두 번째는 '자연과의 조화', 세 번째는 '자연에 복종'입니다. 이 분류에 따르면 미국·영국·북유럽 등 서양은 '자연 지배', 한국·중국·일본 등 동아시아는 '자연과의 조화', 아프리카·동남아시아·중미 일부 지역은 '자연에 복종'적인 문화에 해당합니다.

서양인은 인간과 자연을 대립적인 관계로 보고, 인간의 더 나은 삶을 위해 자연을 정복하고 개발해야 한다고 인식합니다. 서양인에게 외계에서 온 존재는 대결해서 정복해야 할 대상인 만큼 사악하고 흉측한 괴물로 그려지는 것이죠. 반면 자연과 인간의 조화를 이상적으로 생각하는 동양인은 대자연의 질서와 법칙을 관찰하고 연구해 인간 생활에 적용하는 것을 중시합니다. 자연은 정복의 대상이 아닌 만큼 외계인을 바라보는 시각도 달라서, 인간을 돕거나 인간에게 유익한 존재로 보는 것이죠. 동양에서 외계인이 주로 절세미인이나 친숙한 노인으로 그리는 것도 이러한 영향을 받은 것으로 보입니다.

## 외부 지향의 동양 vs. 내부 지향의 서양

이와 비슷한 시각으로 세계의 문화를 분석한 또 다른 연구가 있는데요, 트롬페나스 박사와 햄든터너 교수는 '인간은 자연과 어떻게 관계를 맺는가'라는 질문에 대한 응답을 기준으로 문화를 '내부 지향inner directed'과 '외부 지향outer directed' 문화로 구분해 설명했습니다.

두 사람의 연구에 따르면 '자신의 운명을 스스로 통제할 수 있는가?'라는 질문에 이스라엘(88퍼센트), 노르웨이(86퍼센트), 미국(82퍼센트), 호주(82퍼센트), 뉴질랜드(80퍼센트), 캐나다(79퍼센트), 영국(77퍼센트) 등 서구 응답자들은 스스로 운명을 통제한다는 내부 지향적 답변이 높게 나왔습니다. 반면 베네수엘라(33퍼센트), 중국(39퍼센트), 네팔(40퍼센트), 러시아(49퍼센트), 이집트(49퍼센트), 사우디아라비아(52퍼센트), 싱가포르(57퍼센트), 일본 (62퍼센트) 등 아시아와 중동 국가들에서는 스스로 운명을 통제할 수 있다고 답한 응답자의 비율이 서구 국가보다 낮았습니다. 외부 지향성이 높은 나라일수록 사람들은 일상 대화에서 인샬라(신의 뜻대로), 운명, 하늘이 시킨 일, 인명재천 등의 표현을 많이 사용합니다. 공산주의 체제였거나 공산주의 체제를 유지하고 있는 러시아와 중국에서 내부 지향성이 낮게 나온 것은 이념 체제가 영향을 미친 것으로 풀이됩니다.

인간이 추구해야 할 도덕의 근원을 사람 각자의 내부 즉, 자신의 의지와 확신, 신념에서 찾는 내부 지향 문화권에서는 인간이 자신의 의지대로 자연과 상황을 통제할 수 있고 또 그렇게 해야 한다는 믿음이 강합니다. 반면 도덕의 근원이 외부에 있다고 생각하는 외부 지향적 문화권 사람들은 외부 환경을 중요하게 생각하며 외부 환경 즉, 자연은 인간의 의지로 통제하거나 바꿀 수 없다고 생각합니다. 인간은 자연의 일부로서 대자연의 법칙을 따르고 대자연과 조화롭게 살아야한다고 믿는 것이죠.

## 문화 차이를 넘어서는 비즈니스는 가능할까?

이처럼 극명한 문화 차이를 뛰어넘어 양쪽 문화권을 모두 만족시키는 비즈니스는 가능할까요? 불가능하지만은 않습니다. 소니의 워크맨을 예로 들어보겠습니다. 워크맨을 개발한 소니의 아키오 모리타盛田昭夫는 1982년 한 인터뷰에서 다른 사람에게 방해를 주지 않으면서 음악을 즐길 수 있는 방법을 찾다가 워크맨의 개념을 생각해냈다고 말했습니다. 외부 환경과 조화를 이루며 음악을 들을 수 있는 방법을 찾고자 한 것이죠.

결과는 성공적이었습니다. 워크맨은 일본에서 큰 인기를 누렸죠. 그런데 예상치 못한 곳에서도 돌풍을 일으켰습니다. 바로 북·서유럽과 북미 시장에서였는데요, 유럽과 북미라면 일본과는 성향이 반대인 내부 지향 문화권에 속합니다. 성향이 정반대인데 어떻게 성공할 수 있었던 걸까요? 내부 지향 문화권 사람들은 외부의 방해를 받지 않고 자신이 듣고 싶은 음악을 마음대로 들을 수 있어서 워크맨을 선호했다고 합니다. 참 역설적이지요. 2014년 미국 ABC는 〈별에서 온 그대〉를 리메이크하기로 결정했다고 합니다. 외계인을 대결과 정복의 대상으로 보는 미국 시장에서 꽃미남 외계인과의 러브 스토리가 워크맨처럼 대박을 낼 수 있을지 주목됩니다.

# 사람 사이에 있는

## 보이지 않는 경계선

문화인류학자 에드워드 홀은 저서 『숨겨진 차원』에서 사람들이 영토권(동물이 일정 영역을 설정해 동일 종의 다른 구성원에게서 그것을 방어하는 행동)을 바탕으로 상대방과의 친밀도에 따라 상대방과의 거리 혹은, 공간의 크기를 정하는 것을 밝혀내고 이를 연구하는 학문 분야를 프록세믹스proxemics(근접공간학)라고 명명했습니다. 홀은 감각은 문화에 의해 패턴화되기 때문에 서로 다른 문화 속에서 성장한 사람은 서로 다른 감각 세계에서 살고 있다고 보았습니다. 인간의 생물학적 본능을 바탕으로 상이한 감각 세계로 공간을 구조화하고 사용하는 방식을 프록세믹스라고 정의한 것이지요.

## 사람에게는 4가지 공간이 있다

인간이 공간을 구조화하고 사용하는 방식은 상대방과의 친밀도에 따라 4가지로 분류할 수 있습니다. 먼저 가족과 연인, 친한 친구에게만 허용하는 친밀한 공간intimate space이 있습니다. 이 공간은 자신의 몸에서 0.5미터(46센티미터) 이내에 불과해 신체 접촉이 자주 발생하며 스킨십이 이루어집니다. 두 번째는 친구나 지인, 직장 동료와 일상적인 대화를 나눌 때 사용되는 개인적 공간personal space인데요, 반지름이 1.2미터 내외로 팔을 뻗으면 닿을 거리입니다. 신체 접촉이 가능한 개인적 공간은 타인과의 관계에서 자신의 프라이버시를 지키고 자신을 보호할 수 있는 최소한의 영역이라고 할 수 있습니다. 세 번째는 각종 회의나 면접, 사교 모임, 파티 등이 이루어지는 사회적 공간social space인데요, 1.5~3.6미터 내외입니다. 회사에서 가장 직급이 높은 회장이나 사장 사무실에 놓인 책상이나 회의 테이블은 충분한 사회적 거리를 유지할 수 있도록 폭이 넓습니다. 이 거리는 사람을 고립시키거나 차단시키는 데 이용할 수 있으며 같은 공간에 다른 사람이 있더라도 개의치 않고 하던 일을 계속할 수 있습니다.

마지막으로 강의를 듣거나 공연을 관람하는 공적 공간public space이 있습니다. 강의장의 강사와 청중의 거리가 대표적인 공적인 거리입니다. 3.6~7.6미터 사이로, 이 거리에서 대화가 이

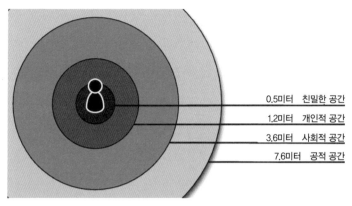

| | |
|---|---|
| 0.5미터 | 친밀한 공간 |
| 1.2미터 | 개인적 공간 |
| 3.6미터 | 사회적 공간 |
| 7.6미터 | 공적 공간 |

사람마다 자신을 중심으로 동심원 모양의 4가지 공간이 있습니다. 0.5미터까지는 친밀한 공간, 1.2미터까지는 개인적 공간, 3.6미터까지는 사회적 공간, 7.6미터까지는 공적 공간입니다. 이 공간 인식은 문화권에 따라 차이를 보입니다.

루어지면 단어나 표현을 선택할 때 개인적 공간이나 사회적 공간보다 조심스러워지고 형식적인 문장을 사용하게 되며 높임법도 준반말에서 존댓말로 달라집니다. 3.6미터는 지금은 퇴화하기는 했지만 인간이 도주에 필요한 거리라고 합니다.

이 4가지 공간 중에서 인간의 유전자에 각인되어 있는 영토권과 직접적인 관련이 있는 것은 개인적 공간입니다. 프라이버시와 직결되어 '사적인 공간'이라고 불리기도 합니다.

## 문화권마다 다른 개인적 공간

런던 지하철을 타면 덩치 큰 영국 사람들이 잔뜩 몸을 움츠리고 있거나 어색한 자세를 취하고 있는 장면을 종종 보게 됩니다. 다른 사람들과 최대한 몸을 부딪치지 않으려는 것이죠. 반면 파리에서는 지하철이나 버스 같은 공공장소에서 서로 몸을 부딪치는 것에 그다지 신경을 쓰지 않는 모습을 볼 수 있습니다. 유럽의 카페들이 공간을 사용하는 방법도 나라마다 다릅니다. 독일은 테이블이 크고 널찍널찍하게 떨어져 있는데 비해 파리는 테이블이 작거나 테이블끼리 맞닿을 정도로 좁게 배치한 곳이 많습니다. 런던은 그 중간이고요. 왜 이런 차이가 발생하는 것일까요?

이는 문화권에 따라 사적인 공간의 크기가 다르기 때문입니다. 인간은 누구나 타인의 침입을 본능적으로 거부하고 자신만의 영역을 유지하려고 합니다. 이것이 바로 개인적 공간입니다. 개인적 공간의 크기는 자신이 성장한 문화의 공간 사용 방식에 크게 의존하는데 공간 사용 패턴이 서로 다른 두 사람이 만나면, 한 사람은 최대한 거리를 두려 하고 다른 한 명은 최대한 다가가려 해 오해와 불신을 낳을 수 있습니다.

홀은 『숨겨진 차원』에서 자신의 경험을 바탕으로 미국인과 아랍인의 프록세믹스 차이를 설명합니다. 홀이 어느 날 건물 로비에 앉아 누군가를 기다리고 있는데 한 아랍인이 로비가 붐비지도 않는데 그에게 다가와 바로 앞에 섰다고 합니다. 미국인인 홀은 자신의 영역이 침범당했다고 느끼고 언짢은 기색으로 몸을 이리저리 움직였지만 그 아랍인은 피하기는커녕 오히려 더욱 바짝 다가섰다고 합니다. 홀은 연구 끝에 아랍 문화권에서는

북유럽 사람들은 개인적 거리를 충분히 확보하려는 경향을 보입니다. 사진은 버스를 기다리는 핀란드 사람들의 모습입니다.

한 사람의 몸 주변에 불가침의 사적인 공간이 존재한다는 개념 자체가 없어 개인적 거리가 아주 좁다는 사실을 알게 되었습니다. 저도 최근 이집트 여행을 다녀왔는데 카이로 공항 검색대에서 안전 요원이 턱밑까지 다가와 몸수색을 하고 줄을 설 때마다 뒷사람이 지나치게 밀착해와 당황스러웠습니다.

남유럽·중남미·아랍 사람들은 상대적으로 좁은 공간에서 어울리는 것을 편안하게 느끼는 반면 북미·영국·북유럽 사람들은 사방으로 팔 길이 정도의 개인적 공간이 확보되어야 편안함을 느낍니다. 한국·일본·중국 같은 동아시아 국가들은 북미·북유럽 사람들보다도 개인적 공간의 크기가 넓어서 타인과 비교적 넓게 떨어져 있어야 안정감을 느끼지요.

## 콧등을 비비는 아랍인, 손도 안 잡는 동북아시아인

이같이 문화권에 따른 개인적 공간의 차이는 인사법과 신체 접촉에도 영향을 미칩니다. 영국이나 독일에서는 남녀노소를 막론하고 악수가 일반적인 인사법입니다. 반면 프랑스는 같은 유럽이라도 악수보다도 신체 접촉이 밀접한 인사가 보편적입니다. 저는 1990년대 초반 프랑스 보르도에서 1년간 연수하면서 해외 생활을 처음 했는데요, 프랑스식 인사법 비즈<sub>bise</sub> 때문에 받은 충격이 아직도 생생합니다. 소개를 받자마자 처음 만난 프랑스 남자가 가까이 다가와 제 얼굴에 자기 뺨을 번갈아 대는 바람에 깜짝 놀라 몸이 뻣뻣하게 굳어버렸던 기억 때문이지요. 서로 뺨을 대거나 가볍게 포옹하는 인사법이 발달한 프랑스·이탈리아·스페인 등 지중해 지방 유럽 국가들이나 아랍, 라틴아메리카 국가는 개인적 공간의 크기가 좁은 편입니다.

아랍 국가에서 신체 접촉면이 넓은 인사법이 발달한 이유는 오랫동안 사막의 오아시스 주변에 모여 살면서 좁은 텐트 안의 공동생활이 일상화되었기 때문이 아닐까 싶습니다. 프라이버시를 보장하기 어려운 환경에서 오랫동안 생활해오면서 개인적 공간의 크기가 좁게 형성되었고 후각으로 서로를 인식하는 문화가 발달했습니다. 이것이 가까운 사이에서 서로 콧등을 비비거나 포옹하는 인사법을 발달시킨 것이죠. 물론 이는 어디까지나 동성끼리에 한한 것이고 부부가 아닌 이성 간에는 악수는 물론 어떤 신체 접촉도 허용되지 않습니다.

반면 한국을 포함해 일본이나 중국의 인사법은 어떤가요? 고개를 숙이고 허리까지 굽히는 절을 함으로써 예의를 최대한 표현하지만 신체 접촉은 아예 없습니다. 체면 문화가 발달한 동아시아에서는 프라이버시를 따지는 미국이나 북유럽보다도 신체 접촉을 꺼려, 신체 접촉 없이 고개를 숙이는 인사법을 발달시켜 온 것입니다.

## 공간을 사용하는 방법 차이

공간에 대한 인식 차이는 회의 자리에서는 물론 사무실 활용에서도 드러납니다. 아랍인들은 진지하거나 친밀한 대화는 숨결이 느껴질 정도로 가까운 거리에서 이루어져야 한다고 믿는 반면, 미국인들은 회의할 때도 개인 공간 확보를 기본으로 여깁니다. 때문에 아랍인과 미국인이 협상을 하면 흥미로운 상황이 벌어집니다. 아랍인은 협상이 중요하다고 생각할수록 상대방에게 가까이 다가가고, 일정한 개인적 공간이 확보되어야 편안함을 느끼는 미국인은 그럴수록 뒷걸음질을 치는 것이죠. 미국인은 자신의 개인적 공간을 향해 거침없이 밀고 들어오는 아랍인이 공격적이라고 생각할 것이고 아랍인은 자신이 다가갈수록 뒤로 물러나는 미국인이 뭔가 속이려고 한다고 생각할지도 모릅니다.

서로
다른
지구인

앵글로색슨 문화권에 속하는 미국인과 게르만 문화권에 속하는 독일인 사이에도 개인적 공간의 차이가 존재합니다. 독립된 사무실은 미국인에게는 공적인 공간이지만 독일인에게는 사적인 공간입니다. 사무실 문을 열고 문지방 위에 서서 안에 있는 사람에게 말을 거는 것이 미국인에게는 자연스럽지만 독일인에게는 사적인 영역의 침해로 간주되어 불편함을 유발합니다. 미국인은 닫힌 문을 음모나 소외의 상징으로 여겨 대개 사무실 문을 열어둔 채로 근무합니다. 이에 비해 독일인에게 열린 문은 해이와 태만을 상징해 근무 중에는 사무실 문을 닫아놓습니다. 그래서인지 미국의 사무실 문은 대체로 얇고 밖에서도 볼 수 있는 투명한 유리 벽인 경우가 많은데 비해 독일의 사무실 문은 육중할 뿐 아니라 이중문으로 되어 있는 경우가 많습니다.

다른 연구에 따르면 일본인과 서구인은 실내 공간을 사용하는 방식이 다르다고 합니다. 일본의 전통적인 목조 가옥은 각각의 방이 고정된 것이 아니라 미닫이문이나 오시이레押入れ(일본식 벽장)를 활용해 방의 크기나 개수를 조절할 수 있습니다. 겨울철에는 방 가운데 있는 사각형 틀 밑에 화로를 넣고 이불을 덮어 몸을 녹이는 고타쓰로 난방을 해결했습니다. 이러한 주거 문화의 영향으로 일본인은 방을 반半고정 공간으로 간주해, 중심부터 가구를 채우는 방면 석조 주거 문화에서 성장한 서구인은 방을 고정된 공간으로 간주해 벽을 중심으로 가장자리부터 가구를 배치한다고 합니다. 서구 가정의 방을 본 일본인들이 가

운데가 비어 있어 황량하다고 평하는 것은, 이처럼 공간을 지각하는 감각 세계가 서로 다르기 때문입니다.

　다른 문화권에서 온 파트너와 협상할 때 이러한 공간 개념 차이를 무시한다면 좋은 결과를 기대하기 어렵겠죠? 동양의 현자들이 일찌감치 설파한 인간관계의 불가근불가원 원칙은 21세기에도 여전히 유효해보입니다.

# 시간은

## 돈일까?

커피 한 잔에 4분, 점심 식사비 30분, 버스비 2시간, 최신 스포츠카 가격은 59년……. 지폐와 동전이 모두 사라진 세상에서 모든 거래는 시간으로 결제됩니다. 2011년 개봉한 할리우드 SF 영화 〈인 타임〉은 '시간은 곧 돈'이라는 벤저민 프랭클린 Benjamin Franklin의 격언이 현실화된 미래를 배경으로 합니다.

사람들은 유전자 조작으로 25세가 되면 노화를 멈추고 팔목에 내장된 '보디 카운트 시계'에 1년의 유예 시간을 제공받습니다. 일을 한 대가로 받은 시간은 이 생체 시계에 저장되고, 물건을 구입하고 버스를 타며 집세를 내는 등 삶에 필요한 모든 것은 이 시계에 남아 있는 시간으로 지불합니다. 하지만 가진 시간을 다 써버려 생체 시계에 남아 있는 시간이 0이 되는 순간

할리우드 영화 〈인 타임〉은 시간이 곧 돈이며 권력인 미래 사회를 그렸습니다.

죽음을 맞습니다. 걸인은 "3분만 달라"며 시간을 구걸하고 거리에는 '무조건 99초 상점(현실 세계의 1,000원 숍)'이 즐비합니다. 시간이 곧 돈인 세상에서 빈부 격차는 수명과 직결됩니다. 수백 년의 시간을 저축해놓은 부자는 영원히 젊음을 누릴 수 있지만 가난한 사람은 열심히 일해서 하루를 겨우 버틸 시간을 벌거나, 누군가에게 빌리거나, 아니면 훔쳐서 하루하루 연명합니다.

## 단일 시간 문화 vs. 복합 시간 문화

문화인류학자 에드워드 홀은 문화권에 따라 시간관이 다르다는 사실을 발견하고 단일 시간monochronic time 문화와 복합 시간 polychronic time 문화를 구분했습니다. 단일 시간 문화권의 사람들은 시간을 관리할 수 있는, 아껴 쓰거나 낭비할 수 있는 일종의 재화로 간주합니다. 영화 〈인 타임〉은 단일 시간 문화의 극단적인 예라고 할 수 있습니다.

단일 시간 문화권의 범주에 드는 나라는 영국 · 미국 · 캐나다 등 앵글로색슨 국가와 독일 · 오스트리아 · 네덜란드 · 덴마크 등 게르만 · 노르딕 국가들입니다. 단일 시간 문화권 사람들의 가장 큰 특징은 선형적線形的 사고를 한다는 것입니다. 이들은 한 번에 한 가지 일만 집중해서 처리하는 것을 선호하고, 순서에 따라 진행해야 할 각 단계를 정해놓는 경향이 있습니다. 따라서 단일 시간 문화에 속하는 사람에게는 일에 착수하기에 앞서 스케줄, 일정표, 타임라인, 로드맵부터 만들어놓는 것이 중요합니다. 이들은 이런 식으로 더 많은 일을 효율적으로 처리할 수 있다고 생각합니다. 따라서 이들은 돌발적인 사건이 발생해 미리 정해놓은 일정표가 쓸모없어지는 상황을 몹시 싫어합니다. 앵글로색슨 · 게르만 · 노르딕 국가에서 '예측 불가능한 사람'이라는 평가를 기피하는 이유가 여기에 있습니다. 이러한 시간관에 익숙한 이들은 사회생활, 경제생활이 철저하게 시간에 지배되는 경향이 있습니다.

반면 아랍 · 아프리카 · 스페인 · 중남미 · 아시아 지역에 해당하는 복합 시간 문화권에서 시간은 실체가 있는 것으로 인식되

지 않으며, 따라서 관리의 대상이거나 소중한 재화로 취급되지
도 않습니다. 복합 시간 문화권의 사람들은 자연 발생적이고 비
구조화된 생활 방식에 익숙하며, 마감 시간을 정해놓지 않고 일
하는 경향이 있습니다. 단일 시간 문화권의 선형적 사고와는 대
조적인 비선형적 사고라고 할 수 있습니다. 복합 시간 문화권에
속한 사람들은 미리 계획을 세워 주어진 시간 내에 일을 끝내
려 애쓰기보다는 사람들 간의 관계나 일 처리 과정에서의 성취
를 중요하게 여기는 편입니다. 그러다 보니 동시에 몇 가지 일
을 처리하는 경우가 많습니다. 복합적인 시간관에 익숙한 사람
들은 한꺼번에 여러 사람과 교제하면서 끊임없이 서로에게 간
섭합니다. 이들이 시간표에 맞추어서 산다는 것은 거의 불가능
한 일입니다.

홀은 『침묵의 언어』에서 시간관이 다른 사람들이 비즈니스
협상을 할 때 어떤 일이 벌어지는지 보여줍니다. 홀은 일본인
과 미국인이 협상하는 경우, 복합 시간 문화권의 일본인들이 상
대방의 귀국 일정을 확인하고 출발 예정일 직전에 중대한 양보
를 요구한다는 사실을 지적합니다. 일본인들은 단일 시간 문화
권의 미국인들이 미리 정해놓은 일정이 어그러지기보다는 상
대방의 요구를 받아들이는 편을 택할 것이라고 보고 시간을 끈
뒤, 승부수를 둔다는 것입니다.

## 순차적 시간 문화 vs. 동시적 시간 문화

네덜란드의 비교문화경영학자 트롬페나스는 시간을 사건이 꼬리를 물고 이어지는 '순차적인 것'으로 보느냐, 아니면 미래 예측과 과거 기억이 결합되어 현재의 활동을 형성하는 '동시적인 것'으로 보느냐에 따라 순차적 시간sequential 문화와 동시적 시간synchronic 문화로 구분했습니다. 트롬페나스의 순차적 시간 문화는 홀의 단일 시간 문화와, 동시적 시간 문화는 홀의 복합 시간 문화와 비슷한 개념이라고 볼 수 있습니다. 순차적 시간 문화권에 속하는 사람들은 시간을 소모되는 상품으로 보며 시간과 시간 사이를 엄격하게 구분해 꽉 짜인 일정을 잡는 경향이 있다고 트롬페나스는 지적합니다. 따라서 모임에 늦는 것은 '시간이 곧 돈'인 세계에서 다른 참석자들의 귀중한 시간을 빼앗는 행위입니다.

이와 대조적으로 동시적 시간 문화는 시간 엄수를 고집하지 않으며 모임이나 약속 시간은 정확한 것이 아니라 앞뒤로 15~30분에 걸쳐 있는 경우가 많습니다. 그 범위는 지역에 따라 다릅니다. 이탈리아 · 스페인 · 프랑스 등 유럽의 라틴 문화권은 15분 내외, 중남미는 몇 시간, 중동 · 아프리카는 하루 온종일이 될 수도 있습니다. 동시적 시간 문화권 혹은 복합 시간 문화권에서 시간의 개념은 상대적이며 고무줄처럼 탄력적입니다. 이 때문에 복합 시간 문화권에서는 여러 가지 일을 한꺼번에 하는 것이 자연스럽습니다. 예를 들면 여행사 창구에서 일하는 직원이 비행기 표 발권에 필요한 서류를 작성하면서 계산기를 두드리고 통화도 하는 식이지요.

단일 시간 문화 혹은 순차적 시간 문화는 그리스도교와 밀접한 관련이 있습니다. 그리스도교 문화권에서는 예수의 탄생과 죽음, 부활은 반복이 불가능한 일회적인 사건으로 받아들여집니다. 역사는 예수의 탄생 이전과 이후로 구분되며 인류 역사는 과거에서 현재를 거쳐 최후의 심판이라는 미래의 결정적 순간을 향해서 전진해나간다는 직선적 역사관입니다. 반면 중국을 중심으로 한 동아시아는 사계절의 변화처럼 자연은 순환한다고 보고, 원형 또는 나선형의 순환론적 역사관을 발전시켜왔습니다. 일·월·년이 모두 제각기 육십갑자六十甲子, 60단위로 순환한다는 아시아의 순환론적 시간관은 힌두교의 윤회 사상과도 일맥상통합니다.

단일 시간 혹은 순차적 시간 문화는 1700년대 중엽 톱니바퀴를 활용한 기계 시계의 출현으로 시간의 정확성을 확보하게 되었습니다. 정확한 시간 개념이 확립되면서 이루어진 산업혁명의 눈부신 성공 덕분에 직선적·기계적 시간관은 전 세계로 확산되었습니다. 높은 노동생산성이 경제의 효율성을 결정지으면서 시간을 통제하는 것이 권력의 원천이 되기에 이르렀습니다.

만약 단일 시간 문화의 사고 체계가 없었다면 과학기술이나 문명은 발달하지 못했을 것이라고 홀은 말합니다. 단일 시간 문화가 서구 문명을 발전시킨 것은 사실이지만 치명적인 결함도 있습니다. 단일 시간 문화는 개인을 집단에서 격리시키고 특정 개인, 기껏해야 두세 사람과 맺는 관계를 강화했다는 것입니다.

## 크로노스와 카이로스

고대 그리스 사람들은 시간을 크로노스chronos와 카이로스kairos로 구분했습니다. 크로노스는 그리스 신화에 나오는 태초신太初神 중 하나로 특정 형태가 없으나 가끔 수염이 긴 늙은 현자로 묘사됩니다. 크로노스는 과거에서 미래로 일정 속도와 방향으로 흐르는 기계적·연속적 시간입니다. 해가 뜨고 지는 시간이자 지구의 공전과 자전으로 결정되는 시간, 태어나서 늙고 병들고 죽어가는 생로병사의 시간이기도 합니다. 크로노스는 시간을 측정하는 기구인 시계와 달력상에 나타나는 시간으로, 흔히 '시간 관리를 잘한다'는 말은 이 크로노스의 시간을 의미합니다. 크로노스는 역대기chronicle, 연대기chronology, 시계chronometer 등 영어 단어의 어원이기도 합니다.

반면에 그리스어 동사 '새기다'에서 유래한 카이로스는 그리스 신화에서 제우스의 막내아들이며 기회의 신입니다. 카이로스는 의식적이고 주관적인 시간, 결정적 순간을 의미합니다. '순간의 선택이 인생을 좌우한다'는 말에서 강조하는 기회의 시

크로노스는 과거에서 미래로 흐르는 순차적인 시간을 뜻합니다. 한 손에는 시간을 측정하는 도구인 시계를, 다른 손에는 수확의 도구인 낫을 들고 있습니다. 뮌헨 바이에른 민속박물관에 소장된 크로노스의 동상.

간이며, 결단의 시간이기도 합니다. 카이로스의 두상頭像을 보면, 앞모습은 머리가 긴 미소년이지만 뒷모습은 대머리로 묘사됩니다. 그리고 양다리에는 날개가 달려 있습니다. 기회란 앞에 있을 때는 누구나 잡을 수 있지만, 일단 지나가면 잡을 수 없다는 교훈을 일깨워주는 모습입니다.

　크로노스가 단순히 흘러가는 시간으로서, 일련의 불연속적인 우연한 사건을 의미한다면 카이로스는 결정적 시기에 다른 시간, 의미와 감정으로 충만한 어떤 순간, 구체적인 사건의 순간을 가리킵니다. 이를 순차적(단일) 시간 문화, 동시적(복합) 시간 문화와 연결 지어본다면 단일 시간 문화권의 사람들은 크로노스의 시간에 충실하고, 복합 시간 문화권의 사람들은 카이로스적 시간을 따른다고 할 수 있습니다.

이처럼 시간이란 객관적인 실재라기보다는 관념이자 개념이기에 문화의 영향을 크게 받습니다. 시간을 어떻게 생각하느냐는 어떤 계획과 전략을 세우고 나의 활동을 다른 사람과 어떻게 일치시키느냐와 밀접하게 관련되어 있습니다.

## 21세기는 카이로스의 시대

시간은 유사 이래 늘 존재해왔지만 시간에 대한 인간의 생각은 바뀌어왔습니다. 누구에게나 공평하게 주어지는 시간이지만, 사람들은 각각 다른 시간을 살고 있습니다. 똑같은 24시간을 살더라도 하고 싶지 않은 일을 억지로 하는 사람의 1시간과 자기가 하고 싶은 일을 하는 사람의 1시간은 다를 것입니다.

크로노스는 1일, 1개월, 1년처럼 객관적으로 흘러가지만, 카이로스는 천천히 가기도 하고 급속히 흐르기도 하며, 때로는 거꾸로도 흐릅니다. 카이로스는 의미를 부여한 주관적인 시간 개념이기 때문입니다. 하루하루를 힘들게 '버텨내는 데' 급급한 사람은 크로노스에 매몰되어 있는 사람이지만 '지금 이 순간'의 가치를 찾으며 치열하고 알차게 시간을 보내는 사람은 카이로스와 함께하는 사람이라고 할 수 있습니다.

21세기는 개인의 취향을 존중하는 감성 경제의 시대입니다.

그래서 효율성은 투입된 시간에 비례하는 것이 아니라 창의성과 혁신의 정도에 따라 결정된다고 합니다. "런던에서 파리까지 가장 빨리 가는 방법은 친구나 연인과 함께 가는 것"이라는 역설처럼 21세기에는 시간의 정확성을 따지는 단일 시간 문화, 크로노스적 시간관보다는 탄력적으로 시간을 운용하는 복합 시간 문화, 카이로스적 시간관을 가진 사람이 주도할 것으로 보입니다.

# 한국 사람은 왜

## 부지런하고 불행할까?

대한민국의 많은 사람이 행복 찾기에 나서고 있습니다. 소확행(소소하지만 확실한 행복), 휘게hygge(편안하고 아늑해 안락한 상태), 라곰lagom(소박하고 균형 잡힌 생활) 등 행복을 찾는 단어가 유행하고 있습니다. 서점의 베스트셀러 중 상당수는 행복을 좇는 책이고, 텔레비전에서는 이런 생활을 보여주는 예능 프로그램이 인기를 얻고 있습니다.

### 행복 찾기 열풍

소확행이라는 말을 처음 쓴 사람은 일본의 유명 작가 무라카미 하루키村上春樹로, 국내에서 2002년 출간된 에세이집에 실린

「랑겔한스섬의 오후」에 등장했다고 합니다. 하루키는 이 에세이에서 소확행을 "갓 구운 빵을 손으로 찢어 먹을 때나 서랍 안에 반듯하게 정리되어 있는 속옷을 볼 때 느끼는 행복처럼, 바쁜 일상에서 느끼는 작은 즐거움"이라고 정의합니다. "주택 구입, 취업, 결혼처럼 크지만 성취가 불확실한 행복을 좇기보다는, 일상의 작지만 성취하기 쉬운 소소한 행복을 추구하는 삶의 경향, 또는 그러한 행복"을 말한다는 겁니다.

가족이나 친구와 함께, 또는 혼자서 보내는 소박하고 여유로운 시간, 일상 속의 소소한 즐거움이나 안락한 환경에서 오는 행복을 뜻하는 휘게는 19세기 덴마크 문학에서 처음 등장했다가 현대로 오면서 덴마크의 문화적 정체성을 가리키는 단어가 되었습니다. 2016년 마이크 비킹Meik Wiking 덴마크 행복연구소장의 저서 『휘게 라이프』가 영국에서 출간된 것을 계기로 BBC 등 영국 언론이 휘게를 소개하면서 휘게 열풍이 전 세계로 번졌습니다.

소박하고 균형 잡힌 생활과 공동체와의 조화를 중시하는 삶을 뜻하는 라곰은 바이킹 시대부터 지금까지 스웨덴에서 중시되는 덕목입니다. 야심찬 계획보다는 실현 가능한 계획을 세우고 삶의 작은 성취를 축하하며, 규칙적으로 생활하면서 충분한 휴식을 취하되 자신을 둘러싼 지역 사회와의 조화를 목표로 합니다. 필요한 것을 적당하게 소유하며 균형 잡힌 삶을 추구한다는 점에서 지나치거나 모자라지 않고 한쪽으로 치우치지 않은

서로
다른
지구인

자연 친화적이고 소박하며 건강한 삶을 추구하는 '킨포크 라이프'는 '소소하지만 확실한 행복'을 찾는 사람들에게 주목을 받았습니다. 사진은 『The Kinfolk Table』의 한 페이지.

상태나 정도를 말하는 중용中庸과 비슷한 개념이라고 하겠습니다.

2011년 미국에서 시작된 킨포크 라이프kinfolk life도 자연 친화적이고 건강한 생활양식을 추구하는 사회현상을 일컫는 단어입니다. 킨포크는 미국 포틀랜드에서 발간되는 계간지의 이름으로 사전적 의미는 '친척, 친족 등 가까운 사람'이라는 뜻입니다. 자전거가 주요 교통수단이고 제철 유기농 식재료를 사용하는 식당에서 식사하며 지역 양조장에서 직접 만든 수제 맥주를 마시는 한적한 삶이 잡지를 통해 소개되면서 주목을 받게 되었습니다.

2018년 베스트셀러를 살펴보면 『죽고 싶지만 떡볶이는 먹고 싶어』, 『모든 순간이 너였다』, 『곰돌이 푸, 행복한 일은 매일 있어』, 『행복해지는 연습을 해요』 같은 책들이 상위권을 차지했습니다. 『하마터면 열심히 살 뻔했다』, 『제가 알아서 할게요』 등 제목부터 젊은 세대의 마음을 대변하는 책도 많았습니다. 이런 책들은 저마다 인생의 방향과 속도가 있으니 타인의 시선에 휘둘리거나 사회가 요구하는 매뉴얼에 삶을 맞추느라 자신의 행복을 놓치지 말라고 이야기합니다. 텔레비전에서는 남녀 배우가 외딴 곳에 있는 작은 집에서 생활하는 모습을 담은 〈숲속의 작은 집〉이나 자연 속에서 자급자족하는 삶을 선택한 괴짜들의 일상을 담은 〈나는 자연인이다〉 같은 프로그램이 인기를 누리고 있습니다.

## 불행한 한국인

2000년 초반에는 '웰빙 열풍'이 불었고, 그 뒤를 이어 '힐링'이 확산되다가 '워라밸', '소확행' 등에 관심이 쏠리는 이유는 정치 · 사회적인 거대 담론이 만연한 세상에서 행복이 간절한 사람이 늘어나고 있다는 반증이 아닐까 싶습니다. 한국은 경제성장에 비해 행복지수는 낮아, 국민이 불행한 나라로 평가되고 있습니다. 유엔 지속발전해법네트워크SDSN의 「세계 행복 보고서 2017」에 따르면 조사대상 155개 나라 중 한국은 56위로

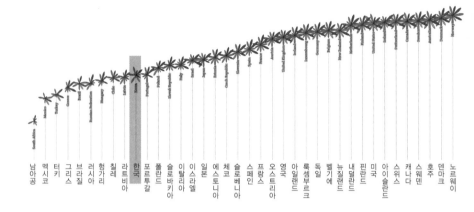

남아공 멕시코 터키 그리스 브라질 러시아 헝가리 칠레 라트비아 **한국** 포르투갈 폴란드 슬로바키아 이탈리아 이스라엘 일본 에스토니아 체코 슬로베니아 스페인 프랑스 오스트리아 영국 아일랜드 룩셈부르크 독일 벨기에 뉴질랜드 내덜란드 핀란드 미국 아이슬란드 스위스 캐나다 스웨덴 호주 덴마크 노르웨이

OECD가 2017년 발표한 '더 나은 삶의 지수'를 보면 한국은 38개국 중 29위입니다. 뒤에서 10번째죠. 삶의 지수가 높은 나라는 노르웨이, 덴마크, 호주, 스웨덴, 캐나다, 스위스 순이었습니다.

100점 만점에 60점 수준입니다. OECD가 발표한 '더 나은 삶의 지수BLI'에서도 한국은 OECD 조사 대상 38개국 중 29위로 중하위권이었습니다. '더 나은 삶의 지수'는 시민 참여, 안전, 주거, 소득, 교육, 고용, 삶의 만족도, 환경, 건강, 일과 생활의 균형, 공동체 의식 등 11개 항목에서 국민이 주관적으로 체감하는 삶의 질을 조사한 결과입니다.

글로벌 헬스 케어 기업 시그나가 2018년 2~3월 한국·미국·중국·영국 등 23개 국가에서 만 18세 이상 성인 1만 4,467명을 대상으로 건강과 웰빙 전반에 대한 인식을 조사한 결과에서도 한국은 최하위를 기록했습니다. 한국의 행복지수는 51.7점으로 1위를 차지한 인도(70.4점)보다 무려 20점 가까이 낮았습니다. 시그나는 신체 건강, 사회관계, 가족, 재정 상황, 직장 등 5개 항목을 설문 조사해 2014년부터 매년 행복지수를 측정하고 있는데 2015년을 제외하고는 한국이 항상 꼴찌를 차지했습니다. 더욱이 한국의 행복지수는 2015년 61.8점, 2016년 60.7점, 2017년 53.9점, 2018년 51.7점으로 계속 낮아지고 있습니다. 스트레스를 받고 있다고 응답한 한국인은 97퍼센트로 23개국 평균(86퍼센트)을 크게 웃돌았는데, 스트레스 원인으로는 일(40퍼센트), 금전 문제(33퍼센트), 가족(13퍼센트) 순으로 꼽았습니다.

한국 국민 10명 중 7명은 자신이 불행하다고 생각한다는 조사 결과도 나왔습니다. 한국보건사회연구원이 19세 이상 남녀 2,000명을 대상으로 행복에 대해 물은 결과 '불행하다(매우 불행+조금 불행)'는 답변이 73.4퍼센트에 달했다고 합니다.

왜 우리는 행복하지 않은 걸까요? 전문가들은 다른 사람과 비교하는 문화가 개인이 행복을 느끼는 것을 방해한다고 지적합니다. 『행복의 기원』의 저자 서은국 연세대학교 교수는 "유교적 가치를 중시하는 문화에서는 다른 사람의 시선에 영향을 많이 받는 경향을 보인다"며 "남들의 기대치에 부응하고 남들에게 멋있게 보이는 것을 행복의 조건이라고 생각하면 상대적 박탈감이 커져 불행이 반복된다"고 말합니다. 서은국 교수는 "행복감이 높은 스칸디나비아반도 국가들의 특징을 보면 별것 아닌 것 같아도 주관적으로 자신이 중요하다고 생각하는 것에 대한 성취감이 높다"고 지적합니다. 사회보장제도 같은 제도와 시스템의 문제가 아니라 문화의 차이가 행복 여부를 결정하는 주요 요인이라는 것입니다.

## 방종과 자제

네덜란드의 문화심리학자 헤이르트 호프스테더Geert Hofstede는 1967~1973년 전 세계 IBM 직원들을 대상으로 가치관의 차이에 관해 조사했습니다. 호프스테더는 51개국 11만 7,000명을 대상으로 조사한 결과 개인주의-집단주의individualism vs. collectivism 불확실성 회피uncertainty avoidance, 권력 격차power distance(사회 계급의 견고성), 남성성-여성성masculinity vs. femininity(과업 지향성-인간 지향성) 등 4가지 차원을 찾아냈습니다.

호프스테더는 1980년 『문화의 결과Culture's Consequences』에서 어느 사회의 문화가 그 사회 구성원의 가치관에 미치는 영향, 가치관과 행동의 연관성을 요인분석해 문화차원이론cultural dimensions theory을 발표했습니다. 최초로 문화 간의 차이를 수치화해 설명한 시도였다고 합니다. 호프스테더는 마이클 본드Michael Bond가 중국계 고용인과 관리자를 조사한 결과를 수용해 1991년 단기지향성-장기지향성short term oriented vs. long term oriented이라는 5번째 차원을 추가했습니다. 2010년에는 세계 가치관 조사 World Value Survey 데이터를 분석한 미카엘 민코프Michael Minkov의 연구를 반영해 쾌락 추구(방종)-자제indulgence vs. self-restraint 차원을 추가했습니다.

세계 가치관 조사는 전 세계 사람들의 가치관과 신념이 시간에 따라 변화하는 방식과 사회적·정치적 영향을 탐구하는 글로벌 연구 프로젝트로 미시간대학의 로널드 잉글하트Ronald Inglehart 교수가 물질주의 가치와 탈물질주의 가치를 측정하기 위해 1981년 시작했습니다. 5년 주기로 세계 100여 개국에서 사회과학자들이 생존-표현의 자유, 전통적 가치-세속·합리적 가치의 변동 사항에 대해 설문 조사합니다. 질문 항목 중에는 사람들이 자신의 삶에 얼마나 만족하는지, 그들이 느끼기에 얼마나 행복한지를 묻는 행복도(주관적 웰빙) 조사도 포함되어 있습니다.

그런데 조사 연구 결과, 국가의 부와 경제 발전은 사람이 느끼는 행복감과 거의 관계가 없었습니다. 서아프리카의 나이지리아·가나, 중남미의 멕시코·엘살바도르·콜롬비아·베네수엘라처럼 매우 가난하거나 특별히 부유하지 않은 국가의 행복 지수가 높은 것을 어떻게 설명할 수 있을까요? 민코프는 이 부분을 연구해 방종-자제 차원을 찾아냈습니다.

방종-자제 차원은 사회 구성원이 자신의 욕구와 충동에 따라 행동하는 경향을 나타내는 지표입니다. 방종이 재미있게 지내는 것, 삶을 즐기는 것과 연관된 인간의 기본적·자연적 욕망의 자유로운 충족을 허용하는 경향이라면, 자제는 그러한 욕구 충족을 엄격한 사회적 규범으로 규제하고 억제해야 한다는 확신을 가리킵니다.

방종 점수가 높은 국가의 국민은 대체로 낙관적이고 삶을 즐기려는 경향을 보이며 여가 생활과 휴가, 친구를 매우 중요하게 여깁니다. 부정적인 기억보다는 과거의 긍정적인 감정을 회상하며 재미를 추구하고, 외향적인 성격에 대체로 긍정적이고 낙관적이지만 도덕적인 절제력과 절약 정신은 약한 경향이 있습니다. 반면 방종 점수가 낮은 자제적 사회는 비관적이고 냉소적인 경향을 보이고 도덕적 절제와 절약을 중시하는 반면, 여가 생활이나 취미 활동에 대한 욕구가 낮고 심지어 이런 활동을 하는 것에 죄의식을 느끼기도 합니다.

방종 문화의 사람들은 마음대로 행동하고, 돈을 쓰고, 혼자서나 친구들과 여유롭고 재미있는 행위를 탐닉하는 특성을 지닙니다. 반대로 자제 문화의 사람들은 여러 사회규범과 금지에 의해 행위가 구속되며 여가 활동을 즐기는 것, 돈 쓰는 것, 즐거움을 추구하는 행위가 잘못된 것이라고 생각합니다. 그래서 방종 문화 사람들이 주관적 행복감이 높습니다.

방종 문화 사회는 외국 영화와 음악 같은 수입 오락물을 좋아하는 경향을 보입니다. 나이지리아 사람은 68퍼센트가 외국 영화와 음악을 좋아한다고 합니다. 그에 비해 자제 문화인 파키스탄은 외국 영화와 음악을 좋아한다고 응답한 비율이 11퍼센트에 불과했습니다. 유로바로미터가 유럽연합 회원국의 생활 습관을 조사했더니 서유럽과 동유럽 간에 뚜렷한 차이가 있는 것이 나타났습니다. 방종적인 서유럽은 부부간 공평한 가사 분담과 표현의 자유를 중시하고 스포츠 활동에 적극적이며 인터넷을 통해 외국인과 연락하는 사람의 비율이 높았습니다. 반면 자제적인 동유럽과 구소련 국가에서는 남녀 역할 구분이 엄격하고 일부일처제와 장기적으로 한 사람에게만 몰두하는 남녀 관계를 지향하는 경향이 컸습니다. 쾌락 추구 점수는 중남미 국가와 서유럽에서는 높고 아시아와 동구권 국가에서는 낮았습니다.

그러면 경쟁과 긴장 속에서 살아가야 하는 한국 문화는 방종과 자제 중에서 어느 쪽에 속할까요? 한국은 쾌락 추구 점수가 29점으로, 세계 가치 조사의 대상 국가 93개국 가운데 69위를 기록해 자제 문화에 훨씬 가까웠습니다. 쾌락 추구 정도를 순위로 매기면 베네수엘라가 1위였고 그 뒤를 멕시코와 푸에르토리코, 엘살바도르, 나이지리아 등이 이었습니다. 스웨덴 8위, 뉴질랜드 9위, 호주 11위, 덴마크 13위, 영국 14위 등 서유럽과 영연방 국가들이 다음 순위를 차지하고 있습니다. 반대로 파키스탄 93위, 이집트 92위, 라트비아 91위, 우크라이나 89위, 알바니아 88위 등 이슬람 국가와 구소련 국가가 쾌락 추구 정도가 가장 낮았습니다. 중국 75위, 한국 68위, 베트남 58위, 필리핀 50위 등 아시아 국가가 동유럽 구소련 국가의 뒤를 이었습니다.

## 고도 집약적 농업의 자제 문화

민코프는 방종 문화와 자제 문화를 가르는 것은 고도 집약적 농업이라고 주장합니다. 고도 집약적인 농업은 풍년과 기아의 반복, 농업용수를 관리할 압제적 정부의 탄생과 착취, 전염병과 영토 전쟁에 시달리게 해 결과적으로 미래를 대비한 계획과 절약, 여가에 대한 무관심, 치밀한 사회 관리를 필요로 하게 한다고 합니다.

인생은 고통으로 가득하고 감각적 쾌락과 욕망 추구를 고통과 번뇌의 원인으로 간주하는 불교, 진정한 행복은 내세에서만 얻을 수 있다고 가르치는 그리스도교와 이슬람교가 유라시아의 집약적 농업 지역에서 탄생했습니다. 반면 방종적인 사회는 1,000년 이상 이어져온 집약적 농업의 역사를 거치지 않아 엄격한 규율과 사회적 관행에서 비교적 자유롭고 수렵 채집 사회나 원예 사회 시대의 비교적 높은 자유감과 성취감을 누릴 수 있다는 것입니다.

한국은 자제 문화에 속하는 나라로, 세계 10위권의 경제 대국인데도 자살률이 높고 행복감이 낮습니다. 세계 가치관 조사에서도 자기 표현적 가치보다 생존 가치를 중요시하는 국가군에 포함됩니다. 한국처럼 인구밀도가 높고 천연자원이 부족하며 환경의 위협이 큰 사회에서는 경쟁에서 낙오되지 않으려면 늘 긴장하고 있어야 합니다. 이런 사회에서는 남보다 내가 잘되는 것을 행복이라고 생각하기 때문에 행복지수가 낮을 수밖에 없습니다. 남과 비교하기보다 자신이 진정 하고 싶은 일, 이루고 싶은 목표가 무엇인지 찾아 나선다면 행복의 파랑새를 찾을 수 있지 않을까요?

# 2

생각보다
먼
아랍과 미국

# 미국의 바비 vs.

# 아랍의 풀라

미국 위스콘신주의 작은 마을에 사는 10대 소녀의 이야기를 해볼까 합니다. 금발에 눈이 푸른 이 소녀의 이름은 바버라 밀리센트 로버츠Barbara Millicent Roberts입니다. 바버라는 넓은 뒤뜰에서 개 · 고양이 · 조랑말을 키우고 주말에는 부모님이 사주신 핑크색 코르벳 자동차를 몰고 나가 쇼핑을 합니다. 가끔은 친구들을 집에 초대해 함께 요리를 하거나 텔레비전을 보지요.

바버라는 미국 백인 중산층 가정의 문화를 대변해온 인형 바비Barbie의 본명입니다. 세계적인 완구 회사 마텔의 공동 창립자 루스 핸들러Ruth Handler와 엘리엇 핸들러Elliot Handler 부부가 어린 딸이 독일에서 산 성인 여성 인형을 갖고 어른 행세를 하며 노는 모습에서 아이디어를 얻어 성인 모습의 인형을 만든 것이 바로 바비인 것이죠.

## 여자아이들을 사로잡은 바비 인형

1959년 3월 9일 미국 장난감 박람회에서 첫선을 보인 바비 인형은 금발과 흑갈색 머리에 잘록한 허리, 얼룩말 무늬 수영복 차림에 하이힐을 신은 모습이었습니다. 키는 30센티미터였죠. 아기 인형이 대다수였던 당시, 성인 여성을 본뜬 바비 인형이 주목을 받는 것은 당연했습니다.

36-18-33(인치)라는 비현실적인 신체 비율하며 옆을 살짝 보고 있는 시선이 유혹적이라는 등 바비 인형에 대한 여론은 부정적이었습니다. 장난감 유통 업체들도 바비 인형이 지나치게 선정적이어서 어린이 장난감으로 적합하지 않다고 우려를 나타냈지만 바비는 출시와 함께 대중문화의 우상으로 떠올랐습니다. 첫해에 35만 개나 팔리는 대기록을 세웠지요. 바비의 직업은 고졸 패션모델에서 시작해 간호사(1961년), 교사(1965년), 항공기 승무원(1973년) 같은 얌전한 직업을 거쳐 의사(1988년), 외교관(1990년), 해병대 장교(1991년), 소방관(1995년) 등으로 확대되었습니다. 2000년에는 대통령이 되었고 엔지니어, 건축가, 우주 비행사, 카 레이서도 되는 등 시대의 변화에 따라 직업이 달라졌습니다. 단순한 인형이 아니라 커리어 우먼의 표상으로서 여자아이들의 역할 모델을 톡톡히 해온 것

1959년의 바비 인형입니다. 성인 여성을 본 딴 바비 인형은 큰 인기와 함께 다양한 논쟁을 불러 일으켰습니다.

이죠.

통계에 따르면 바비 인형은 전 세계 150개국에서 1초에 3개씩 팔려나가고 있습니다. 마텔이 인형 수출로 거두어들인 연간 수입은 2013년 13억 달러(약 1조 4,390억 원)였는데요, 특히 파생 상품이 효자 노릇을 톡톡히 하고 있습니다. 바비의 옷, 장신구, 다양한 형태의 인형 집과 가구 판매가 인형 자체 매출을 훨씬 뛰어넘기 때문이지요. 그러다 보니 패션 디자이너와 인테리어 디자이너 50명, 헤어 디자이너 12명이 바비의 패션과 가구 디자인을 전담할 정도입니다. 바비 인형이 '서구의 소비자본주의를 전파한다', '금발에 푸른 눈을 한 백인 모습이어서 인종 차별을 부추긴다', '비현실적인 신체 비율로 미美에 대한 왜곡된 편견을 조장한다'와 같은 비판을 받으면서도 60년 간 인형 업계의 여왕 자리를 유지해온 비결이지요.

## 바비의 한계와 도전자들

하지만 2002년 전 세계에서 19억 달러로 사상 최대 매출을 기록한 이래 바비 인형의 매출과 판매 수익은 갈수록 줄고 있습니다. 미국 내 인형·완구 시장점유율이 2009년 25퍼센트에서 2013년 19.6퍼센트, 2017년 14.9퍼센트로 계속 감소하는 추세입니다.

2001년 출시한 MGA엔터테인먼트의 브랏츠Bratz 인형은 2013년 바비 인형의 매출액을 추월하기도 했습니다. 2010년 첫선을 보인, 바비의 동생 격인 몬스터 하이Monster High 인형도 바비의 세계시장 점유율을 바짝 뒤쫓고 있습니다. 몬스터 하이 인형은 영화와 드라마 속 여러 괴물의 자녀가 몬스터 고등학교에 다니기 시작하면서 벌어지는 이야기가 바탕을 이루고 있습니다. 드라큘라의 딸 '드라큘로라', 피부색이 창백한 좀비 '구울리아', 프랑켄슈타인의 딸 '프랭키 슈타인', 늑대 소녀 '클로딘'과 유령의 후손 '스펙트라' 등이 대표적이고, 이외에도 약 40여 종의 괴물 소녀 인형이 출시되었습니다.

바비가 비현실적으로 이상화된 여성의 모습을 보여주었다면, 래밀리는 현실적인 여성의 모습을 보여주었습니다.

여성계에서 바비 인형의 외모가 비현실적이고 전통적인 여성 상에 얽매여 있다며 불매 운동을 하는 가운데, 2014년 새롭게 등장한 래밀리Lammily 인형도 바비의 자리를 위협하고 있습니다. 래밀리는 평범한 몸매에 여드름, 뱃살, 흉터, 주근깨 등이 있어 친근하게 느껴집니다. 옷차림도 화려한 드레스가 아니라 청바 지, 운동화 등 평범한 일상복을 입고 있습니다. 디자이너 니콜 라이 램Nickolay Lamm은 19세 미국 여성의 표준 체형을 바탕으로 래밀리를 디자인했다며 '우리 몸을 이상화된 기준에 맞추려 노 력할 필요가 없다'는 메시지를 전하고 싶었다고 합니다.

## 풀라의 등장

그런데 미국 내 경쟁자들과는 비교조차 할 수 없는 강력한 도전자가 바비 앞에 나타났습니다. 바비 특유의 요염한 표정과 노출, 섹시한 자태 대신 검은색 긴 머리와 짙은 갈색 눈동자, 올리브색 피부에 온몸을 아랍 의상으로 감싼 무슬림 인형 풀라Fulla가 등장한 것입니다. 중동 지역에서만 자라는 향기로운 꽃의 이름을 따온 풀라는 중동 지역에서 바비에 버금가는 인기를 끌고 있습니다. 풀라는 순진무구한 표정에 머리에는 히잡을 쓰고 발끝까지 덮는 긴 외투인 아바야를 입고 있어 바비 인형과는 분위기가 전혀 다르지요.

풀라는 2003년 말 아랍에미리트 두바이 소재 뉴 보이 토이스 디자인 스튜디오에서 출시되었습니다. 사우디아라비아에서 '부패한 서구의 정신문화가 바비의 복장이나 표정, 자세에 담겨 있다'는 이유로 바비가 판매 금지된 직후였습니다. 풀라는 아랍권에서만 400만 개 이상이 판매되었고 인형 옷과 액세서리는 1,000만 개 이상 팔려나갔습니다. 현재는 무슬림 지역인 북아프리카·인도네시아·말레이시아는 물론 중국·브라질에도 수출되고 있습니다.

풀라는 비非무슬림에게도 인기가 있다고 합니다. 다인종 국가에서 문화의 다양성을 교육하는 데 유용하기 때문입니다. 이슬람 문화권에서는 사람을 형상화하는 것을 우상숭배로 여겨 금

바비 인형은 전 세계적인 인기를 얻었지만, 아랍 세계는 바비의 과장된 몸매와 노출에 거부감을 느꼈습니다. 그 틈새를 파고든 것이 이슬람 정체성을 강조한 인형 풀라입니다.

기시하고 있어서 풀라 인형이 『코란』의 가르침에 위배되는 것은 아닌지 여부를 놓고 치열한 논쟁이 벌어지기도 했습니다. 풀라는 물론 풀라의 친구들에게 일반적인 아랍 여성의 이름이 아니라 야스민(재스민), 나다(이슬) 같은 이름을 붙이게 된 배경에는 이러한 이유가 있습니다. 우상숭배 논쟁에도 풀라가 성공할 수 있었던 데는 어린 소녀들에게 무슬림 여성의 바람직한 생활 습관과 태도를 제시하고 자연스럽게 내면화하는 데 풀라가 중요한 역할을 해낼 수 있으리라는 믿음이 작용했습니다.

## 이슬람 정체성을 강조한 풀라

풀라의 탄생 배경에는 9·11 테러와 이라크전쟁 이후 서방의 이슬람 폄하와 차별 심화가 있습니다. 아랍 사회에서는 이에 대한 반발로 이슬람의 정체성과 가치를 강조하기 시작했습니다. 사우디아라비아 텔레비전에서 방영 중인 풀라의 애니메이션 광고는 풀라의 일상생활을 보여주면서 이슬람 소녀가 가져야 할 바람직한 마음가짐과 행동을 설파합니다. 유행에 민감하고 자기중심적이며 요염한 눈빛이나 자세를 취하는 바비와 달리 풀라는 정숙하고 부모를 공경하며 전통을 중시하는 예의 바른 소녀입니다. 풀라는 아침에 일어나면 먼저 기도한 뒤 식사를 준비하고 식사를 마친 뒤에는 『코란』을 읽고 친구와 함께 쇼핑을 합니다. 집 밖으로 나갈 때는 히잡과 아바야를 걸치는 것을 잊지 않습니다.

아랍권의 많은 부모가 자녀에게 줄 선물로 바비 대신 풀라를 선택하자 뉴 보이 토이스는 아랍권 소녀들이 동경하는 직업인 의사와 교사 풀라를 내놓았습니다. 하지만 보수적인 이슬람 전통을 고려해 풀라의 남자 친구 인형을 출시할 계획은 없다고 합니다.

뉴 보이 토이스는 풀라의 인기에 힘입어 풀라 브랜드를 음식·의류·화장품·장식품 분야로도 확장했습니다. 중동에서 출시된 자밀라와 시리아의 키난 토이가 내놓은 린, 인도네시아의 아로사 등 전통 복장을 입은 다른 무슬림 여성 인형도 잇따라 나왔습니다. 2006년 독일 심바디키 그룹을 모회사로 하는 심바 토이스 미들이스트가 아랍에서 출시한 자밀라 인형이 대표적입니다. 자밀라는 자밀이라는 약혼자가 있으며 세계화 추세를 반영해 이집트의 카리마, 인도의 수나이나 등 다양한 국적의 어린이들과 친구로 지내고 있답니다. 자밀라는 자밀과 결혼해서 아사드라는 아들과 딸 알미라를 낳아 가족을 이룬다는 설정이 있습니다. 심바 토이스 미들이스트는 어린이들이 자밀라 가족 인형을 갖고 놀면서 가정에서 아이들을 돌보며 살림하는 무슬림 여성의 라이프 스타일을 자연스럽게 습득하도록 스토리를 입혔다고 합니다.

## 히잡을 입은 바비, 히자비

2017년 11월 마텔은 패션 잡지 『글래머Glamour』가 주최한 '올해의 여성상' 시상식에서 히잡을 쓴 바비를 최초로 선보였습니다. 2016년 리우 올림픽에서 히잡을 쓴 채로 경기에 나서서 동메달을 획득한 미국의 펜싱 선수 이브티하즈 무하마드Ibtihaj Muhammad가 모델이었습니다.

2016년에는 나이지리아 대학생 하니파 애덤Haneefa Adam이 인스타그램에 히자비Hijarbie(히잡을 쓴 바비) 사진을 올린 후 팔로워가 40만 명을 돌파하며 전 세계에서 큰 호응을 얻었습니다.

생각보다 먼
아랍과
미국

애덤은 자신이 직접 만든 색색의 히잡과 아바야를 바비에 입혀 사진을 찍은 뒤 '히자비'라는 이름을 붙여 인스타그램에 올렸는데 히자비를 사고 싶다는 무슬림 여성의 문의가 빗발쳤다고 하죠. 이에 애덤은 마텔에 히자비를 만들어달라는 요청을 전달했다고 합니다.

마텔은 2015년부터 여성she과 영웅hero을 합친 여성 영웅이라는 의미의 쉬어로shero 시리즈를 출시해오고 있는데, 히자비 인형도 그중 하나로 제작되었습니다. 쉬어로 시리즈는 성별 경계를 넘어 소녀들에게 영감을 주고, 여성의 가능성을 넓힌 이들을 기리자는 취지로 만들어졌는데 무하마드 말고도 미국 패션 잡지 『러키Lucky』의 편집장 에바 첸Eva Chen, 영화 〈셀마Selma〉의 감독 에이바 듀버네이Ava DuVernay 등이 모델이 되었다고 합니다. 마텔이 히자비를 만들어달라는 애덤의 요청을 받아들인 것인지, 아니면 아랍권에서 고전하는 바비에 힘을 실어주기 위해 바비에 히잡을 씌웠는지는 분명하지 않습니다.

## 사회를 반영하는 놀이 문화

인간은 노동이나 작업과는 별개로 자발적인 놀이 문화를 발달시키면서 놀이 도구인 장난감을 만들었고 어린이들은 장난감을 갖고 놀면서 사회의 규범·규칙·관습 등을 배우고 익혀왔습니다. 장난감 하나에도 장난감이 탄생한 지역의 역사와 전통, 만들어질 당시의 사회상과 문화가 반영되는 이유죠. 바비가 이슬람 문화권에서 고전하는 이유는 폴라만큼 이슬람 사회가 추구하는 가치와 정체성을 반영하지 못했기 때문입니다.

마텔이 히자비 출시와는 별도로 24가지 헤어스타일, 22가지 눈동자 색, 7가지 피부색을 지닌 다양한 체형의 인형을 판매하기로 결정한 것은, 전 세계 여성의 다양한 문화적 정체성을 인정했다는 의미입니다. 정체성의 지나친 강조는 때로 갈등을 야기하고 전쟁까지 이르게 하지만 다양한 정체성을 존중하는 관용은 공존과 번영의 토대였습니다. 세계화 시대에 다양성을 인정하고 자신의 회사가 진출하려는 국가의 문화를 파악하고 이해하는 것이야말로 모든 글로벌 비즈니스의 시작이 아닌가 싶습니다.

생각보다 먼
아랍과
미국

# 예수를 닮은 슈퍼맨 vs.

## 알라의 특징을 나누어 가진 '99'

신화학자 조지프 캠벨Joseph Campbell은 세계 각국의 신화와 전설에는 영웅이 집을 떠나 모험을 하며, 그 과정에서 초자연적 힘을 얻어 악당을 물리치고 특정 인물이나 공동체를 구한다는 내용이 공통으로 존재한다고 분석했습니다. 20세기 이후 대중문화에 등장하는 슈퍼 히어로는 영웅 신화의 현대적 변형이라고 할 수 있습니다.

### 미국의 슈퍼 히어로들

미국의 원조 슈퍼 히어로는 제2차 세계대전을 전후해 미국에서 탄생한 슈퍼맨(1938년)과 배트맨(1939년)입니다. 이어

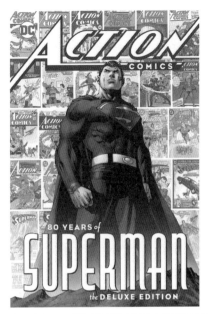

슈퍼맨은 대표적인 미국 히어로로, 전형적인 영웅 서사를 보여주었습니다. 슈퍼맨의 여러 특징은 『성경』의 메시아를 떠올리게 합니다.

미 · 소 냉전기에 미국의 양대 만화 출판사 DC 코믹스와 마블 코믹스에서 탄생한 캡틴 아메리카(1941년), 헐크(1961년), 스파이더맨 · 아이언맨 · 토르(1962년), 엑스맨(1963년), 왓치맨(1968) 등의 만화 캐릭터는 영화 속에서 슈퍼 히어로로 변신해 세계 대중문화의 강력한 아이콘이 되었습니다.

　미국 슈퍼 히어로를 대표하는 슈퍼맨은 서구 사회를 떠받치는 세계관인 『성경』의 메시아 이야기에 뿌리를 두고 있습니다. 크립톤 행성의 지도자 조엘이 행성 폭발 직전 태어난 아기를 살리려고 인큐베이터에 담아 지구로 보내고, 들판에서 아기를 발견한 켄트 일가가 양자로 키우는 대목은 위기에 처한 아기를 갈대 바구니에 담아 나일강에 띄워 보내고 이를 발견한 이집트 공주가 왕자로 키운 「출애굽기」의 모세를 연상케 합니다. 또 조엘이 "내 하나뿐인 아들을 지구로 보내니 그는 나중에 성장해 지구인을 구원하는 슈퍼맨이 될 것"이라고 예언하는 대목에서 슈퍼맨은 하느님의 아들 예수의 은유라는 사실이 암시되기도 합니다.

할리우드의 상업자본에 힘입어 영화를 통해 전 세계로 전파된 미국의 슈퍼 히어로들은 캠벨이 말한 영웅 신화의 공식을 따르면서도 그리스도교적 구원, 개인주의와 자유, 그리고 과학적 진보에 대한 믿음이라는 미국적 가치관을 효과적으로 설파하고 있습니다. 도시를 놀이터 삼아 아찔한 활극을 선보이는 스펙터클 액션, 진한 로맨스, 세계를 위협하는 악의 세력에게서 인류를 구원한다는 단순 명쾌한 권선징악적 결말은 세계 평화의 파수꾼이라는 미국인의 자의식을 반영하고 있기도 하지요. 미국의 슈퍼 히어로들은 제2차 세계대전, 미·소 냉전, 베트남 전쟁, 아프가니스탄전쟁 등 각기 다른 시대적 상황에서 세계의 슈퍼 파워로서 미국의 정체성을 드러낸다는 점에서 지극히 미국적이라고 할 수 있습니다.

## 이슬람 슈퍼 히어로 「99」

2008년 미국 『타임Time』은 아랍 문화권을 넘어 세계시장 진출에 나선 이슬람 슈퍼 히어로 만화 「99The 99」를 집중 조명했습니다. 「99」는 쿠웨이트 출신으로 미국에서 임상심리학과 경영학을 전공한 작가 겸 사업가 나이프 알무타와Naif Al-Mutawa가 기획한 이슬람 슈퍼 히어로 만화입니다.

알무타와는 2004년 쿠웨이트에 테시킬 미디어 그룹을 설립해 마블 코믹스의 만화를 아랍어로 번역해 중동·북아프리카 지역에 독점 배급하다가 이슬람의 고유한 문화와 전통을 반영하는 슈퍼 히어로가 필요하다는 데 착안해 2006년 9월 이슬람 문화권의 다국적 슈퍼 히어로 99명을 주인공으로 하는 「99」를 세상에 내놓았습니다. 「99」라는 제목은 알라가 99가지 이름과 특징으로 현신한다는 『코란』 구절에 기초한 것입니다. 「99」에는 지혜·자비·힘·관용 등 알라의 특징을 인물로 형상화한 99명의 캐릭터가 등장합니다.

「99」는 1258년 몽골의 훌라구 칸이 아바스 왕조 칼리프 제국의 수도 바그다드를 함락하면서 시작됩니다. 당시 몽골군의 주요 공격 목표는 제국 최대의 도서관 다르 알 히크마였습니다. 도서관을 파괴해 이슬람 문명 자체를 무너뜨리겠다는 몽골군의 의도를 간파한 학자와 사서들은 인류의 역사와 지혜를 보존하고자, 연금술로 장서에 집적되어 있는 광대한 지식과 지혜를

「99」는 그리스도교에 뿌리를 둔 미국의 슈퍼맨과 달리 이슬람 교리와 문화, 전통을 반영한 만화로 인기를 끌었습니다.

99가지 마법의 돌 속에 집어넣습니다. 아랍어로 '빛'이라는 뜻의 '누어 스톤'으로 명명된 돌들은 33개씩 세 묶음으로 나뉘어 전 세계에 흩어져 보관됩니다. 그로부터 수백 년이 흐른 뒤 스페인 안달루시아 지방을 비롯해 중동과 중앙아시아의 이슬람 사원에 숨겨져 있던 누어 스톤들이 깨어나기 시작합니다.

세계 각지에 살고 있던 99명의 평범한 젊은이는 이슬람 사원에 보관되어 있던 누어 스톤을 발견하면서 저마다 특별한 능력을 갖게 됩니다. 헐크를 연상시키는 괴력의 소유자인 사우디아라비아의 자바, 불을 마음대로 조종하는 이란의 자릴, 작은 체구지만 거침없는 파괴 능력이 있는 포르투갈 소녀 무미타, 빛을 마음대로 다루는 아랍에미리트의 누라, 숨겨진 힘이 있는 예멘의 엘 바티나, 조립 능력이 뛰어난 헝가리의 자미 등입니다.

누어 스톤의 소유자들은 말레이시아의 무지바처럼 퀴즈 쇼에 나가 많은 상금을 받는 등 처음에는 초능력을 남용하지만, 시간이 지나면서 인류 평화와 정의를 위해 초능력을 사용하게 됩니다. 이 99명의 젊은이는 학자이자 사회운동가인 램지 박사의 주도로 협력해 누어 스톤의 힘을 탈취해 세계를 정복하려는 루갈 일당에 맞서 싸웁니다. 「99」는 저마다 특별한 능력을 지닌 슈퍼 히어로가 등장하고 선을 대표하는 램지 박사와 99명의 젊은이가 악의 화신인 루갈 일당과 일전을 벌이는 선악 대결 구도라는 점에서 마블 코믹스의 「엑스맨」과 비슷합니다.

## 「99」의 돌풍

「99」는 처음 출간될 때만 해도 마블 코믹스 만화책의 아랍어판에 공짜로 끼워주는 부록 정도였으나 몇 달 만에 쿠웨이트에서만 100만 부가 팔릴 정도로 돌풍을 일으켰습니다. 2007년에는 미국에서도 발간되어 2013년까지 연재되었습니다. 이 기간 동안 DC 코믹스의 슈퍼 히어로물인 「저스티스 리그 오브 아메리카」와 협업한 작품을 내놓았고, 2010년에는 버락 오바마 전 대통령이 연설 중에 「99」의 원작자 알무타와가 무슬림 세계와 미국 간의 대화에 기여했다고 언급해 유명세를 타게 됩니다.

「99」의 공식 팬 사이트에서는 이 시리즈의 캐릭터 소개와 설정은 물론 회원 가입 뒤 주어진 미션을 풀어가는 게임을 제공합니다. 알무타와는 본격적으로 세계시장에 진출하고자 「엑스맨」의 작가와 마블 코믹스의 마케팅 팀장을 영입해 텔레비전용 애니메이션 시리즈를 제작하고 이를 미국과 유럽에 수출했습니다. 또한 「99」의 줄거리를 바탕으로 쿠웨이트에 대규모 테마 파크를 건설할 예정이었습니다.

## 「99」가 못마땅한 보수주의자들

그런데 「99」의 성공은 이슬람 보수주의자의 반발을 불러오게 됩니다. 2013년 쿠웨이트에서 한 변호사가 이 만화가 알라의 능력을 특정 인물로 형상화함으로써 신을 모독했다는 이유로 소송을 제기해 출판·유통이 금지되었습니다. 2014년 사우디아라비아의 최고 국가 무프티Mufti(개인이나 재판관이 제기한 질문에 법적 견해를 밝히는 이슬람 법률 권위자)가 "신의 이름과 속성에 관해 비난받고 금지되어야 마땅한 악마의 작품"이라는 결정을 내린 뒤 사우디아라비아 국영 텔레비전 채널에서 애니메이션이 퇴출되기에 이릅니다. 어린이들이 이 만화를 보고 주인공의 능력을 신의 속성이 아닌 캐릭터의 능력으로 착각할 가능성이 있다는 점도 방영을 중단시킨 이유 중 하나라고 합니다. 게다가 알무타와가 이슬람 극단주의 테러 집단 이슬람국가IS의 살해 위협까지 받게 되자 활동을 중단하기에 이릅니다.

「99」의 일러스트나 캐릭터 이미지만 놓고 보면 미국의 기존 만화 캐릭터와 비슷한 점이 많습니다. 하지만 캐릭터들의 출신 국가가 무슬림 인구의 비율이 높은 사우디아라비아 · 아랍에미리트 · 파키스탄 · 인도 · 인도네시아 등이고 복장 또한 여성 캐릭터는 히잡이나 차도르를 쓰는 등 이슬람적 요소가 깊게 배어 있습니다. 알무타와는 알라의 속성을 의인화한 만화 캐릭터들을 이상적인 무슬림의 역할 모델로 제시하고, 이들이 서로 협력해 인류 평화를 이룩한다는 설정으로 아랍 어린이들에게 이슬람의 정체성과 자부심, 꿈과 희망을 심어주려고 했다고 합니다.

하지만 중동에서는 21세기에도 국가가 제정한 실정법 못지않게 이슬람 종교법이 효력 있습니다. 일종의 법률이면서 사회적 윤리이자 행동 규범인 이 이슬람법을 샤리아sharia라고 합니다. 샤리아는 『코란』과 무함마드의 언행에 대한 후대 법학자들의 해석을 근거로 합니다. 샤리아를 해석하는 방식은 국가별로 조금씩 차이가 있는데, 사우디아라비아나 쿠웨이트는 생활 규범에서는 엄격하지만 상업 윤리는 자유롭게 해석하는 반면 이집트나 터키는 생활 규범의 해석이 상대적으로 자유롭다고 합니다. 그래서인지 이집트나 터키 여성의 복장은 다양한 편입니다. 일부 중동 국가는 일반 법원과 샤리아 법원이 따로 있어 종교 관련 사안은 샤리아 법원이 담당하며, 종교적 판단이 필요하고 사회적으로 민감한 사안은 무프티가 법적 해석을 내려준다고 합니다.

## 이슬람 영웅이 필요한 이유

이슬람교는 유대교나 개신교처럼 우상숭배를 철저하게 금지하고 있습니다.『코란』에는 알라가 특정한 형상을 하고 있지 않다고 기록되어 있습니다. 알라나 무함마드를 그림이나 조각으로 표현하는 것은 신성모독이며 사람이나 동물의 형상을 표현하는 것 또한 금기에 속합니다. 이슬람 예술에 그림이나 조각이 드물고 아라베스크 같은 기하학적 문양이 발달한 것도 이 때문입니다. 16세기 이후 시아파 종주국인 이란에서 세밀화가 유행하면서 무함마드를 그리기도 했으나 종교적인 계몽이 목적일 경우 얼굴 부분은 하얗게 비워 금기를 피했습니다. 실제로 아랍권에서는 얼굴에 눈·코·입 없이 흰 천으로 덮인 아기 인형이 팔리고 있습니다.

상황이 이렇다 보니 아랍권 어린이들에게는 서구의 슈퍼맨 같은 구체적인 영웅의 이미지가 형성되어 있지 않습니다. 이슬람국가 같은 테러 단체들이 성전聖戰에서 전사한 순교자는 천국에서 72명의 아름다운 처녀와 함께 행복을 누릴 수 있다고 유혹하고, 젊은이들이 이 유혹에 넘어가 자살 폭탄 테러를 감행하는 것도 뚜렷한 영웅관이 부재하기 때문이라는 분석이 있습니다.

호프스테더는『세계의 문화와 조직』에서 문화 표현을 양파의 단면에 비유해 바깥쪽부터 상징·영웅·의례·가치라는 4가지 문화 개념으로 구성되어 있다고 밝혔습니다. 상징이란 특정 문화를 공유하는 사람들에게만 통하는 특별한 의미를 지닌 말·동작·그림·대상 등으로, 가장 바깥쪽에 자리 잡고 있습니다. 상징의 안쪽에는 어떤 문화에서 높이 받들어지며 행동의 귀감이 되는 영웅이 있는데, 슈퍼맨이나 배트맨 같은 가상의 인물도 포함됩니다. 영웅은 특히 어린이들이 세계관과 가치관을 형성하고 삶의 방향을 설정하는 데 결정적인 역할을 합니다. 그리고 그 안쪽에는 특정 문화 안에서 사회적으로 꼭 필요한 집합적 활동을 가리키는 의례가 있습니다. 그리고 제일 안쪽, 문화의 핵은 어떤 상태를 다른 상태보다 선호하는 포괄적 경향성을 의미하는 가치로 이루어져 있습니다. 어쩌면 이슬람 청소년에게 성전에 참여해 전사가 될 것을 권유하는 이슬람국가를 저지할 수 있는 것은 이슬람의 전통과 가치에 기반을 둔 이 99명의 슈퍼 히어로가 아닐까 생각해봅니다.

# 이슬람의 할랄,

## 유대인의 코셔

서울 명동이나 이태원 등에 가면 히잡을 쓰고 기념사진을 찍는 무슬림 관광객을 쉽게 볼 수 있습니다. 2016년 한국을 찾은 무슬림 관광객은 98만 명으로 2015년과 비교해 무려 33퍼센트나 증가했습니다. 중국의 사드THAAD 배치 보복 이후 유커游客의 발길이 뜸해진 빈자리를 무슬림 관광객이 빠르게 메웠습니다. 무슬림 관광객의 증가와 함께 관광지의 음식점에는 전에는 볼 수 없던 '할랄halal'이라는 표시가 눈에 띕니다.

### 무슬림의 생활 율법, 할랄

할랄은 아랍어로 '허용된 것'이라는 의미로 이슬람 율법인 샤

할랄은 이슬람 율법을 준수해 만든 것을 뜻합니다. 음식이 가장 유명하지만 옷과 화장품, 약 등에도 할랄이 있습니다.

리아가 허용하는 원료를 사용해, 율법이 허용하는 방식으로 제조한 상품을 가리킵니다. 할랄 제품은 대부분 음식입니다. 과일·야채·곡류 등 모든 식물성 음식과 어패류 등 해산물은 할랄입니다. 육류 중에는 알라의 이름으로 도살된 고기(주로 염소고기·닭고기·쇠고기)와 이를 가공해 만든 것이 할랄에 해당합니다. 반면 돼지고기, 술과 마약처럼 정신을 흐리게 하는 것, 동물의 피, 개·고양이 등 가축처럼 무슬림에게 금지된 것은 하람haram이라고 합니다.

할랄 식품은 현재 전 세계 식품 산업의 16퍼센트를 차지하고 있습니다. 네슬레와 맥도날드 등 많은 다국적 기업이 할랄 시장에 진출해 있습니다. 한국무역협회에 따르면 할랄 인증을 받은 국내 식품으로는 오리온 초코파이, 롯데제과 빼빼로, 빙그레 바나나맛 우유, 크라운 조리퐁과 콘칩, 아워홈의 국·탕·김치·면·떡·어묵·두부, 대상의 마요네즈·김·미역 등이 있습니다.

할랄은 식품 외에도 약·화장품·의류 등 다양한 분야에 적용됩니다. 예를 들어 젤라틴 캡슐을 사용하는 의약품, 콜라겐이 들어간 화장품은 하람입니다. 의복은 문양이나 소재에 따라 할랄 여부가 결정됩니다.

### 할랄이 주목받는 이유

할랄 시장이 주목받는 이유는 우선 무슬림 인구의 규모와 성장세에 있습니다. 무슬림 인구는 2014년 기준 전 세계 인구의 4분의 1에 달하는 17억 명으로 추산되며, 매년 약 2.5퍼센트 증가하고 있습니다. 이에 따라 할랄 산업도 빠르게 성장하고 있습니다. 톰슨 로이터의 2015년 보고서에 따르면 전 세계 무슬림은 이미 2014년 1조 1,270억 달러(약 1,290조 원)를 먹고 마시는 데 썼고 2020년에는 할랄 식품 시장 규모가 1조 5,850억 달러(약 1,816조 원)까지 늘어날 전망입니다. 한국 정부는 전체 할랄 산업이 2014년 3조 2,000억 달러(약 3,500조 원)에서 2020년이면 5조 2,000억 달러(약 5,600조 원)에 달할 것으로 예상하고 있습니다.

특히 할랄 화장품·제약 시장은 연평균 성장률 7.2퍼센트로 말레이시아 푸트라대학에 따르면 2015년 전 세계 할랄 화장품 매출은 1,000억 달러(약 110조 원)에 달했으며 2019년에는 그 규모가 1,030억 달러(약 115조 원)에 이를 것으로 전망하고 있습니다. 최근 한류 열풍으로 K-뷰티가 선풍적 인기를 끌면서 2015년 한국의 화장품 수출은 25억 8,780만 달러(약 2조 9,280억 원)를 기록했는데, 수출 상위 20개국 중에 이슬람 국가는 말레이시아(9위, 4,147만 달러)와 인도네시아(14위, 1,145만 달러) 두 곳에 그쳤습니다. LG생활건강에 따르면 중동 시장은 아이섀도와 마스카라 등 색조 화장품 수요가 높고, 기초 화장품은 할랄에 해당하는 식물성 원료로 만든 제품을 선호한다고 합니다. 특히 선크림, 모공 관리 제품이 인기가 있다고 하네요.

2012~2015년 전 세계 식품 관련 기업과 투자자들이 성사시킨 500건의 인수·합병 가운데 70건 이상이 할랄 인증 식품 기업이었습니다. 매입 가격으로 따진 시장 규모는 21억 달러(약 2조 4,070억 원)에 달합니다. 할랄 식품을 이슬람 국가에 수출하려면 할랄 인증을 받아야 하는데 국내에서는 한국이슬람중앙회KMF에서 인증을 받을 수 있고, 해외에는 인도네시아 할랄 인증 기관인 무이MUI 인증, 말레이시아 이슬람 개발부 자킴JAKIM 인증 등이 있습니다.

## 유대교 율법에 따른 코셔

2018년 평창 올림픽 폐회식에 트럼프 미국 대통령의 장녀 이방카 트럼프Ivanka Trump 백악관 고문이 참석한 것을 계기로 유

코셔는 유대교 교리에 따른 것을 말합니다. 음식에 관해서는 재료뿐 아니라 조리 도구와 방법 등에서도 까다로운 원칙을 지켜야 합니다.

대교 식사법인 코셔kosher에 대한 관심이 커졌습니다. 이슬람 율법에 따른 음식이 할랄이라면, 코셔는 유대교 율법에 따른 음식입니다. 코셔는 유대교의 음식 율법을 가리키는 카쉬루트kashurut의 영어식 단어로 히브리어로 '합당한', '적합한'이라는 뜻입니다. 코셔는 『성경』과 『탈무드』, 유대교 경전에 기록된 전통 관습으로 3,000년 이상의 역사가 있습니다. 먹을 수 없는 음식, 사용할 수 없는 식기는 트라이프라고 합니다. 코셔는 식재료 선정부터 조리 방식까지 엄격한 기준과 절차를 거치기 때문에 가장 안전한 식품으로 인정받고 있습니다.

코셔 규칙에 따르면 채소와 과일처럼 파르브(중성)로 분류되는 식품은 문제가 없지만 육류와 어류는 코셔와 트라이프를 가르는 원칙이 있습니다. 육류 중에서는 소·양·염소·사슴·물소 등 발굽이 둘로 갈라지고 되새김질을 하는 동물을, 해산물 가운데는 참치·연어·청어 등 지느러미와 비늘이 있는 어류를 먹을 수 있습니다. 돼지는 발굽이 갈라졌지만 되새김질을 하지 않으므로 먹으면 안 됩니다. 조개·바닷가재·새우 등 갑각류, 장어·문어·상어 같은 비늘과 지느러미가 없는 어류, 동물의 피, 트라이프의 지방과 알은 먹을 수 없습니다.

## 유대인이 치즈 버거를 먹지 않는 이유

코셔는 특히 "너희는 염소 새끼를 제 어미의 젖으로 삶지 마라"는 『성경』 「신명기」의 계명에 따라 버터·치즈·우유 등의 유제품과 육류를 동시에 섭취하는 것을 금지하며 고기와 유제품을 같은 식탁에 올리는 것도 금하고 있습니다. 육류와 유제품을 분리하는 것은 물론, 먹는 순서까지도 규정하고 있는데 유제품을 먼저 먹고 육류를 먹는 것은 가능하지만 그 반대는 허용되지 않습니다. 이 때문에 이스라엘의 맥도날드 매장에는 치즈 버거가 없고, 햄버거를 먹은 유대인은 아메리카노는 마실 수 있지만 우유가 들어간 카페라테나 카푸치노는 마실 수 없습니다.

코셔는 가축을 도축하는 방법도 엄격하게 규정합니다. 유대교 율법 학자인 랍비의 입회하에 병들지 않은 동물을 고통 없이 한 번에 죽인 뒤, 소금으로 사체를 문질러 피를 모두 제거한 고기만 먹을 수 있습니다. 코셔와 할랄은 돼지고기를 금지하고 단 한 번에 가축의 목 부분을 찔러 도축하되 피는 모두 제거해야 한다는 점에서 비슷합니다. 하지만 코셔는 식품의 조리와 운반에 쓰이는 모든 도구와 가공 설비도 코셔 전용이어야 하고, 식당에서도 그릇·오븐·싱크대 등 각종 조리 기구를 고온 살균해야 하며, 비非코셔 음식이 담겼던 그릇은 끓여서 사용해야 합니다. 할랄보다 규정이 훨씬 엄격하지요.

코셔의 적용 대상에는 식품·화장품·의약품은 물론 주류·의류·식기·금융 상품·교통수단도 포함되어 있습니다. 의류는 면과 털이 혼합을 금지하는 등 재질부터 입을 수 있는 옷의 종류까지 제한하고 있습니다.

## 건강 식품으로 각광 받는 코셔

전 세계 유대인 인구는 2014년 기준 약 1,420만 명으로 세계 인구의 0.2퍼센트에 불과하지만 코셔 식품 시장 규모는 2,500억 달러(약 278조 원)에 이르고 있습니다. 코셔가 안전한 먹거리라는 인식 덕분입니다.

코카콜라 컴퍼니·네슬레·하겐다즈 같은 글로벌 식품 업체들이 제품에 코셔 인증 마크를 부착하고 있으며, 스타벅스 같은 커피 전문점도 코셔 인증 제품을 취급하고 있습니다. 코스트코나 월마트 같은 대형 유통 업체에서도 코셔 인증 제품을 쉽게 찾아볼 수 있습니다. 시장조사 기관인 IRI에 따르면 2014년 미국 내 코셔 식품 매출액은 3,050억 달러로 미국 식품 산업 총매출액의 21퍼센트를 차지했으며 식음료 신제품의 40퍼센트 이상이 코셔 인증을 받았다고 합니다. 설문 조사에 따르면 미국 소비자들이 코셔 식품을 구입하는 이유는 종교적인 이유(15퍼센트)보다 식품의 품질(62퍼센트)이나 건강에 유익하기 때문(51퍼센트)이라고 합니다.

영국 테스코의 코셔 마케팅은 많은 것을 시사합니다. 테스코는 처음에 영국 내 200만 명이 넘는 무슬림 인구를 고객으로 끌어들이려고 할랄 인증을 받은 식품을 늘리려 했으나 시장조사 중 파키스탄계 무슬림들이 유대인 상점에서 식품을 구매한다는 사실을 알게 되었습니다. 코셔가 할랄을 아우르는 개념이라 유대인은 물론 무슬림과 채식주의자까지 코셔 제품을 구입한다는 것을 깨닫게 된 것입니다.

테스코는 2009년부터 코셔 전문 인증 기관인 KLBD와 협업해 전체 진열 제품의 40퍼센트를 코셔 인증 제품으로 대체하고 코셔 식품 코너를 별도로 설치했습니다. 테스코가 코셔 마케팅을 도입한 지 1년 만에 코셔 식품 매출이 310퍼센트나 증가하는 성공을 거두자 경쟁사인 세인즈버리와 ASDA 등도 진열 제품의 30퍼센트를 코셔 인증 제품으로 대체했습니다.

## 음식 문화 이해는 비즈니스의 시작

무슬림이나 유대인과 일한다면 그들의 식음료에 신경을 써야 합니다. 무슬림 파트너에게 삼겹살이나 선지국을 먹으러 가자고 한다든지 유대인 파트너에게 장어구이나 문어숙회 등을 권하면 어떻게 되겠습니까? 파트너는 당신을 상대방에 대한 이해나 배려가 없는 몰상식한 사람으로 여길 것입니다.

중동 진출을 목표로 하고 있다면 시장조사는 물론이고 할랄과 코셔에 대한 구체적인 지식을 습득해 비즈니스 파트너에 대한 이해를 높이는 것이 중요합니다. 할랄과 코셔는 식품은 물론 화장품·제약·유통·의류·콘텐츠·관광·금융에서 두루 통용되는 생활 법규인 만큼 개인은 물론 기업과 정부 차원에서도 철저한 준비가 필요합니다.

# 미식축구로 보는

## 미국

한 국가의 언어를 안다고 해서 그 나라의 정신 구조mind-set를 이해한다고 믿는 것은 착각입니다. 외국어는 유창하지만 외국 문화의 이해 수준이 낮으면 글로벌 비즈니스 현장에서 큰 문제에 봉착할 가능성이 높다고 합니다.

미국 메릴랜드대학 경영학과 마틴 개넌Martin Gannon 교수는 "다른 나라와의 문화 차이를 극복하고 사업을 쉽게 풀어나가려면 그 나라만이 가진 문화 메타포metaphor를 활용해야 한다"면서 글로벌 경제에서 문화의 영항력을 강조했습니다. 국가와 인종을 초월해 금전적 보상이 모든 사람에게 동기를 부여한다는 일반적인 경제 논리와는 대비되는 접근입니다.

## 나라마다 다른 문화 메타포

개넌 교수는 한 국가의 정신 구조를 쉽게 이해하고 지구상에 존재하는 여러 문화를 이해하고 비교하는 방법으로 '문화 메타포'라는 개념을 제시했습니다. 문화 메타포란 국가의 구성원 대부분이 중요하다고 여기며 동일시 기준으로 삼는 특정한 대상이나 활동, 문화적 관행입니다. 간단하게는 각 나라를 대표하는 문화코드라고 할 수 있습니다.

개넌 교수에 따르면 프랑스의 문화 메타포는 포도주, 스페인·포르투갈은 투우, 브라질은 삼바, 이스라엘은 키부츠와 모샤브, 미국은 미식축구, 한국은 김치입니다. 일반적으로 사람들이 각 나라에 대해 우선적으로 떠올리는 연상과 크게 다르지 않습니다. 이처럼 한 국가의 문화적 특징을 집·음악·춤·스포츠 등 고유한 문화 산물을 통해 설명하는 방식은 한 국가의 문화를 신속하게 이해하는 데 도움이 됩니다.

개넌 교수는 『세계 문화 이해』에서 세계 23개국의 문화 메타포를 소개했습니다. 독일의 문화 메타포는 독일 문화의 지구력을 반영하는 교향곡, 이탈리아는 화려한 연출과 극적인 연기, 대중적 볼거리를 아우르는 오페라, 영국은 벽돌집, 태국은 왕실, 중국은 각 가정에서 모시는 제단, 폴란드는 마을의 교회입니다. 그런데 러시아의 문화 메타포는 발레, 인도는 시바 춤, 일본은 정원, 벨기에는 레이스, 터키는 커피 하우스, 나이지리아

는 시장, 스웨텐은 주말 별장 스투가라는 대목은 고개를 갸우뚱
하게 합니다. 심지어 무형의 문화 메타포도 등장하는데 아일랜
드의 문화 메타포는 게일어입니다. 세계어로 확고한 지위를 구
축한 영어와는 대조적으로 100만 명 남짓한 인구가 사용하며
희미하게 명맥을 유지하고 있는 게일어를 선정한 것은 다소 의
외로 느껴지기도 합니다. 그러나 게일어가 『걸리버 여행기』를
쓴 조너선 스위프트Jonathan Swift, 『율리시즈』의 작가 제임스 조이
스James Joyce, 사뮈엘 베케트Samuel Beckett, 윌리엄 버틀러 예이츠
William Butler Yeats, 버니지아 울프Virginia Woolf 같은 아일랜드 출신의
문호들을 키운 모국어임을 떠올려보면 고개가 끄덕여집니다.

## 미국의, 미국에 의한, 미국을 위한 스포츠

그러면 오늘날 세계 최강 국가인 미국의 문화 메타포는 무엇
일까요? 서부극에 단골로 등장하는 '외로운 카우보이'나 '샘 아
저씨uncle Sam', 슈퍼맨이나 캡틴 아메리카 같은 미국의 슈퍼 히
어로를 떠올리는 사람이 많을 듯합니다만 정답은 미식축구입
니다. 미국에서 스포츠 관람은 재미를 주는 여가 활동을 넘어
일상생활에 지친 사람들이 열정을 발산하고 소속감과 정체감
을 표현하는 대리 만족 수단입니다. 그중에서도 미식축구는 미
국에서 가장 대중적이고 인기 있는 스포츠입니다. 한 조사에 따
르면 미국의 스포츠 관람·시청자 가운데 43퍼센트가 가장 좋

2015년 슈퍼볼 하프타임 쇼. 슈퍼볼은 미국의 가장 큰 행사 중 하나입니다. 누가 국가를 부르는지, 어떤 기업이 중계방송 광고권을 따내는지도 화제가 됩니다.

아하는 종목으로 미식축구를 꼽았습니다. 2위인 농구의 12퍼센트와 비교하면 격차가 30퍼센트포인트 이상 납니다.

미국 프로미식축구NFL 챔피언 결정전인 슈퍼볼super bowl은 명실상부한 미국 최대의 스포츠 이벤트입니다. 미국 기업에 매년 1월 말 2월 초 사이 슈퍼 볼이 열리는 슈퍼 선데이super sunday는 핼러윈, 크리스마스와 함께 연중 최고 대목입니다. 2017년 슈퍼볼 시청자는 1억 7,000만 명이었고 초당 광고 단가는 1억 원에 육박했습니다.

미식축구는 11명씩인 2팀의 선수 22명이 승부를 겨룹니다. 한 팀이 점수를 얻으려고 돌진하는 동안 다른 팀은 방어하는 경기라는 점에서 축구와 비슷합니다. 그러나 축구와 근본적으로 다른 점은 경기 시간의 대부분이 실제 경기가 아니라 점수를 얻거나 상대 팀의 승점을 막기 위해 계획하고 준비하는 데 소요된다는 점입니다.

## 허들과 행동 지향적 문화

공격 팀이든 수비 팀이든 스크럼 후방에서 쿼터백을 중심으로 원진을 만들거나 정렬해 다음 작전을 짜는 것을 허들huddle이라고 합니다. 벼르고 벼르다가 양 팀이 맞붙어 잠시 맹렬히 겨룬 뒤 팀끼리 머리를 맞대고 다음 동작을 계획하는 허들이 되풀이되는 경기 진행은 미국에서 생활해보지 않은 사람에게는 매우 낯설게 느껴지기 십상이지요.

미식축구를 다른 스포츠와 구별 짓는 특징인 허들은 미국의 행동 지향적 문화를 상징적으로 보여줍니다. 선수들은 각기 포지션이 다르고 배경과 교육 수준이 다양하지만, 허들에 들어가면 팀의 승리를 위해 상호 의존하고 협조합니다. 행동 지향적 문화에 속하는 사람들의 일차적 관심은 목표를 세우고 달성하는 것입니다.

미국인은 상황이 아무리 복잡해도 잘게 쪼개서 한 번에 하나씩 다루면 해결할 수 있다고 믿는 경향이 있습니다. 미식축구에서 허들은 경기를 작은 과제로 분할한 뒤, 포지션 재평가로 단기 과제를 배분하고, 지속적인 전술로 이를 실행하는 과정입니다. 20세기 초 프레더릭 윈즐로 테일러Frederick Winslow Taylor가 개발한 미국식 제조 방식은 미국 경제의 허들이라고 할 수 있습니다. 포드의 T형 자동차로 대표되는 미국식 제조 방식은 디자인을 표준화하고 부품과 제조 과정을 규격화해서 대량 생산의 길을 열었습니다.

표준화와 규격화는 '시간은 돈'이라고 여기는 미국인의 시간 의식과 직결되어 있습니다. 미국인은 구체적인 문제를 해결하려고 임시 위원회나 팀TFT을 만들어 머리를 맞댑니다. 이러한 구성원 간의 관계는 협조적이지만 일시적입니다. 미국 사회는 어느 조직이나 '헤쳐 모여'가 빠른 속도로 이루어져 깊은 관계로 발전시킬 시간이 없기 때문입니다. 엄격한 시간 제약이 있는 미식축구의 허들에는 항상 시간에 쫓기는 미국 문화가 그대로 투영되어 있습니다.

## 슈퍼볼이 단순한 경기가 아닌 이유

미국에서 미식축구는 단순한 스포츠가 아니라 미국인의 공동 신념과 이상을 시각적으로 구현한 집단의식이자 미국적 가치관의 복합체입니다. 프로 미식축구가 보여주는 엄청난 속도, 계속적인 움직임, 고도의 전문성, 일관된 공격성, 격렬한 경쟁은 모두 역동적인 미국 문화의 특질입니다. 개인주의와 경쟁적 도전문화, 허들, 완벽함의 의식적 찬양은 미식축구의 근본 요소인 동시에 외향적이며 때로 공격적이기까지 한 미국 문화의 특징

미식축구는 경기가 무척 격렬한 것으로도 유명합니다. 그 때문에 선수들의 부상이 잦고 평균수명도 짧을 정도입니다.

이기도 합니다.

　미식축구는 현존하는 스포츠 종목 중 가장 폭력적인 스포츠로 꼽힙니다. 프로 선수의 평균 활동 기간이 3년 반에 불과할 뿐 아니라 미식축구 선수의 평균수명은 미국 남성의 평균수명인 75세에 한참 미치지 못하는 55세입니다. 선수들의 평균 키는 188센티미터, 몸무게는 90~150킬로그램인데, 이런 덩치들이 한 경기당 평균 80회씩 온 힘을 다해 뛰다가 상대 팀과 정면충돌하기에 부상의 정도가 심한 데다가 뇌진탕 등 온갖 후유증에 시달리게 됩니다.

　미식축구는 팀 스포츠인데도 개인이 영광을 얻고 찬양을 받습니다. 미식축구의 개인주의는 모든 팀 스포츠 중에서도 가장 두드러집니다. 미식축구의 주요 트로피는 모두 개인의 이름을 따서 명명되었습니다. 20세기 후반부터 미국의 스포츠 스타들은 신화 속의 영웅이나 종교의 성인 반열에 올랐습니다.

격렬함과 공격성은 미식축구의 매력 중 하나입니다. 팀은 팀끼리 경쟁하고 같은 팀에 속한 선수들은 경기에 선발되려고 경쟁하며, 팬들조차 더 좋은 티켓을 구하려고 경쟁합니다. '경쟁을 위한 전문화'라는 개념은 미국인이 창안해 세계적으로 장려하는 미국적 이데올로기이기도 합니다.

슈퍼볼을 비롯한 미식축구 경기 전에는 유명인이 부르는 국가, 육해공군 군악대 행렬, 성조기 입장 등 지극히 민족주의적인 의식이 진행됩니다. 미국 내 팀만 출전하는데도 '세계 선수권 대회'라고 불리는 것도 자기중심적 민족주의의 소산이라 할 수 있습니다.

프로 미식축구 경기는 미국이 세계 최상의 국가, 나아가 세계 자체라는 미국적 유토피아를 상징합니다. 일방적이고 공격적인 문화, 모든 것의 가치가 시장 가격으로 매겨지고 경쟁과 성공을 찬양하는 미국의 특징이 미식축구에 함축되어 있다고 할 수 있습니다.

# 미국은 왜

## 철이 들지 않을까?

"미국 서부의 한 마을에 낯선 총잡이가 홀연히 나타난다. 목장에서 카우보이로 일하던 남자는 마을을 습격한 악당을 모두 처치하고는 머무르기를 간청하는 동네 사람들을 뒤로한 채, 석양 속으로 사라진다."

이는 전형적인 할리우드 서부영화의 줄거리입니다. 우리가 일반적으로 떠올리는 미국인의 전형은 카우보이입니다. 강인하면서도 따뜻하고 친절한 터프 가이의 표상이지요. 미국인들이 생각하는 미국인의 전형 역시 서부극에서 카우보이 총잡이로 열연하며 인기를 모은 존 웨인John Wayne인 것을 보면, 그들이 추구하는 정체성과 남이 바라보는 이미지가 과히 다르지 않은 것 같습니다.

# 미국의 청년기 문화코드 vs. 유럽의 노년기 문화코드

프랑스 출신의 문화 마케팅 전문가 클로테르 라파이유Clotaire Rapaille 박사는 문화권마다 다른 문화코드를 찾아내 쇼핑 · 취향 · 사고 유형 · 감각 지향을 밝혀내고 어떤 방식으로 시장을 공략해야 효율적인지 제시합니다. 라파이유 박사의 대표작『컬처 코드』는 자신이 태어나 유년기를 보낸 프랑스와 자신이 이주해 삶의 뿌리를 내린 미국, 즉 유럽과 미국의 상이한 문화코드를 보여줍니다.

라파이유 박사에 따르면 미국은 성숙함 · 노련함 · 교양 · 체면치레와는 거리가 먼 호기심이 충만하고 활동적이며, 충동적이고 실패를 두려워하지 않는 청년기 문화코드를 지니고 있습니다. 반면 프랑스 · 이탈리아 · 영국 · 일본 등은 완벽을 추구하지만 상상력이 결여된, 이상적이고 정체된 노년기 문화코드가 있다고 분석합니다.

미국에는 개척 정신과 자유라는 키워드로 집약되는 역동적인 문화가 있습니다. 미국의 출발은 구체제와 관습에서 독립해 종교의 자유를 찾아 신대륙으로 이주한 영국 청교도였으며 지금도 꾸준히 전 세계에서 오는 이주자들 덕분에 새로운 문화의 생성과 융합이 이루어지고 있습니다.

미국인은 완벽함보다는 도전과 실수를 반복하면서 성장하고 변화해가는 역동적인 삶을 이상적으로 여기는 경향이 있습니

1932년 개봉한 영화 〈헌티드 골드Haunted Gold〉에서 웨인(왼쪽). 웨인은 카우보이 역으로 미국인의 사랑을 받았습니다.

다. 청년기는 격동의 시기입니다. 충동적이고 때로는 무모하리만큼 저돌적이고 폭력적이며 도피적인 요소가 복잡하게 섞여 있어 변화의 폭이 매우 큽니다. 청년기 문화코드를 지닌 미국인들은 완벽함보다는 편리함, 세련됨보다는 실용성을 추구합니다. 그래서 원하는 기능이 이상 없이 작동하면 그것으로 충분하다고 여깁니다. 반면 유럽이나 일본의 문화는 감성과 허영심을 만족시키는 완벽함과 정교함·특별함·최상의 질을 추구합니다.

정신적·문화적 우위를 고집하는 영국·프랑스·독일 등 유럽은 미국의 경박한 문화를 경멸하면서도 한편으로는 미국의 열정, 자유분방함, 기발한 상상력, 거대한 힘을 부러워하고 놀라워합니다. 그들에게서는 볼 수 없는 도전 정신과 역동성, 실패를 통해 더 단단해지는 자유분방함이 가져온 성공 사례를 보았기 때문입니다. 라파이유 박사는 끊임없는 충동 속에서 역동적인 힘을 발휘해 상상의 산물을 만들어내서 세계를 지배하는 나라가 미국이라고 말합니다.

미국인은 또한 늘 무엇인가를 건설하고 갱신합니다. 보존하는 것보다 부수고 새로 짓기를 좋아하지요. 뉴욕·뉴잉글랜드·뉴햄프셔·뉴올리언스처럼 '뉴new'가 들어가는 미국 지명들도 스스로 새롭다고 생각하는 미국인의 특성을 반영합니다.

미국인이 생각하는 미국의 문화코드는 꿈dream입니다. 꿈은 초기부터 미국 문화를 움직여온 동력이었습니다. 미국의 역사는 신세계를 발견한 탐험가의 꿈, 서부를 개발한 개척자의 꿈, 건국의 아버지들의 꿈, 희망의 땅을 찾아온 이주민의 꿈을 모자이크로 엮어낸 것이라고 할 수 있습니다. 꿈을 꾸고 꿈을 실현하려고 새로운 일에 도전하는 것은 젊음의 특성이기도 합니다. 이러한 청년기의 문화코드를 상징적으로 보여주는 캐릭터가 바로 카우보이입니다.

## 미국인의 이상형: 말보로맨

세계 최대의 담배 회사 필립모리스의 광고 캐릭터 말보로맨 Marlboro man은 남성적이면서 야성미 넘치는 서부 개척 시대의 카우보이를 형상화한 것입니다. 말보로맨은 2006년 미국에서 선정한 '가장 영향력 있는 허구 인물 101명'에서 1위로 꼽히기도 했습니다.

1924년 세계 최초의 필터 담배로 시장에 출시된 말보로는 사실 여성용 담배였습니다. 당시만 해도 사회 분위기가 여성의 흡연에 비판적이었기 때문에 아무리 광고를 해도 시장점유율은 좀처럼 오르지 않았습니다. 결국 말보로는 제2차 세계대전 직전 시장에서 철수했습니다.

전후 말보로의 부활을 고심하던 필립모리스 경영진은 광고인 리오 버넷Leo Burnett을 영입해 말보로를 여성용 담배에서 남성용 담배로 다시 포지셔닝해줄 것을 요청합니다. 버넷은 많은 미국 남성이 서부 개척 시대를 동경한다는 점에 주목해, 서부 영화에 나오는 카우보이 이미지를 활용하면 말보로를 남성용 담배로 '성전환'할 수 있으리라 예측했습니다.

1954년 첫선을 보인 말보로맨 광고는 버넷의 예측대로 대성공을 거두었습니다. 광고를 시작한 지 1년도 되지 않아 말보로의 시장점유율은 급상승해 미국 담배 업계 4위로 부상했습니다. 용기를 얻은 필립모리스 경영진과 버넷은 영화배우 폴 버치 Paul Birch 등 은막의 스타를 말보로 광고에 카우보이로 등장시켜 서부의 거칠고 야성적인 삶을 동경하는 남성들의 기대와 환상에 부응했습니다. 그 결과 말보로의 판매고는 1955년 50억 달러에서 1957년 200억 달러로 2년 만에 250퍼센트나 증가했습니다.

말보로는 말보로맨을 내세워 미국 소비자에게 '거친 황야의 카우보이가 피우는 담배'로 제품을 인식시켰습니다.

말보로맨은 "정취가 있는 곳, 말보로의 나라로 오십시오come to where flavor is. come to Marlboro country"라는 슬로건과 함께 1999년까지 무려 45년 동안이나 말보로 제품의 광고 캐릭터로 활약했습니다. 미국 남성의 로망인, 거친 황야의 강한 카우보이를 내세운 말보로맨이 브랜드를 상징하는 가공의 캐릭터로서 꾸준히 인기를 누릴 수 있었던 것은 미국의 청년기 문화코드를 파악했기 때문입니다.

## 할리데이비슨: 남성의 로망에 시동을 걸다

미국 문화코드의 상징인 서부 개척 시대의 카우보이와 말의 이미지를 활용해 브랜드를 부활시킨 또 다른 사례는 오토바이 제조 회사인 할리데이비슨Harley-Davidson입니다. 심장을 요동치게 하는 둔탁하고 거친 배기음, 검정 가죽점퍼와 선글라스, 붉은 두건과 카우보이모자 등 할리데이비슨이라는 단어를 듣는 순간 사람들이 연상하는 이미지는 비슷합니다.

전 세계 남성의 로망이자 마케터의 오마주로 통하는 할리데이비슨은 매우 독특한 브랜드입니다. 오토바이 브랜드면서도 주 고객층은 젊은이가 아니라 40대 이상의 부유한 전문직 남성이며 고객들이 로고(독수리와 방패)를 자랑스럽게 자신의 몸에 새기는 브랜드이기도 합니다. 특정 회사의 제품을 애용한다고 해서 그 회사의 로고를 문신하는 경우는 매우 드뭅니다. 한 조사에 따르면 세계에서 문신의 소재로 가장 많이 사용되는 소재는 어머니고 그다음이 할리데이비슨이라고 합니다. 그런 점에서 할리데이비슨은 컬트 브랜드cult brand라 불려도 손색이 없습니다.

그뿐만이 아닙니다. 할리데이비슨 오토바이는 크고 무거우며 엔진 소리가 시끄러운 데다 진동까지 심합니다. 오토바이는 소음과 진동이 적고 다루기 쉬워야 한다는 통념과는 거리가 멉니다. 다른 오토바이와는 달리, 황야를 달리는 힘찬 말발굽 소리를 연상시키기 위해 오히려 소음과 진동을 키웠다고 합니다. 할리데이비슨의 가장 큰 특징이기도 한 엔진 배기음은 1985년에 특허등록되었으며 이 소리를 유지하려고 본사에 소음 연구소를 두고 있을 정도입니다.

말보로의 사례에서 보듯 미국인에게 카우보이는 멋진 남자, 남자다운 남자, 자유로운 남자의 상징이며 로망의 대상입니다. 할리데이비슨은 미국인에게 오토바이의 문화코드는 말馬이라는 사실을 일찌감치 파악하고 카우보이와 말의 이미지를 적극 도입해 '가장 미국적인 가치인 자유와 서부 개척 시대의 카우보이를 연상케 하는 야성, 그리고 일탈'이라는 브랜드 콘셉트를 설정했습니다. '굉음을 내며 광대한 평원을 질주하는 오토바이'라는 이미지로 이동 수단으로써의 기능적 편익보다는 '청춘의 자유와 일탈을 경험한다', '나를 찾기 위해 달린다'라는 타는 즐거움, 즉 감성적 편익을 강조한 것입니다.

할리데이비슨은 광고에서 큰 차체와 말을 타듯 몸을 세우고 타는 구조, 굉음에 가까운 배기음을 내세우지 않습니다. 대신 '새장에서 탈출하라', '지금 행동하지 않으면 내일은 없다' 등의 메시지를 던집니다. 야성적 남성성을 강조하기보다 남성이 꿈꾸는 '정신'에, 오토바이가 아닌 오토바이로 얻을 수 있는 '자유'에 초점을 둔 것입니다. 오토바이를 파는 기업이 아니라 문화를 파는 기업이라는 할리데이비슨의 주장에 고개를 끄덕이게 되는 이유가 여기에 있습니다.

할리데이비슨은 1903년 미국 밀워키Milwaukee에서 탄생했습

할리데이비슨이 지향하는 이미지는 반항과 도전을 멈추지 않는 '현대의 카우보이'입니다.

니다. 윌리엄 S. 할리William S. Harley 형제 4명과 아더 데이비드슨 Arthur Davidson 형제 3명이 의기투합해 '할리데이비슨 모터 컴퍼니'라고 이름 짓고, 데이비드슨 형제 집 뒷마당에 있는 허름한 오두막에서 사업을 시작했습니다. 1909년 트레이드 마크가 된 V-트윈 엔진을 개발한 데 힘입어 1920년 할리데이비슨은 당시 난립하던 300여 개 브랜드를 제치고 세계 최대의 오토바이 제조 업체로 부상합니다. 할리데이비슨이 제조한 연간 2만 8,000대의 오토바이는 67개국에서 판매되었습니다.

1941년 미국이 제2차 세계대전에 참전하게 되면서 할리데이비슨은 군용 오토바이를 납품하며 전성기를 누렸지만 1950년대 영국과 독일의 경쟁사들이 저렴한 가격, 우수한 성능의 오토바이를 내놓으면서 위기를 맞게 됩니다. 여기에 〈이지 라이더

생각보다 먼
아랍과
미국

Easy Rider〉등의 영화에서 오토바이족이 패싸움, 마약 운반, 혼성 섹스 등 온갖 나쁜 짓을 하는 악당으로 묘사되면서 브랜드 이미지가 급격히 실추되었습니다. 1960년대는 혼다와 야마하 등 일본 회사까지 오토바이 시장에 진출하면서 할리데이비슨의 약점을 파고들며 시장을 잠식하기 시작했습니다.

1969년, 할리데이비슨은 경영상의 어려움을 이기지 못하고 레저 용품 제작사인 AMF에 팔리는 신세가 되었습니다. AMF가 소형 오토바이 제작에 집중한 나머지 브랜드 관리를 소홀히 하자 할리데이비슨의 시장점유율은 날로 추락해 1970년대 미국 내 점유율이 25퍼센트까지 떨어졌습니다. 할리데이비슨의 몰락을 두고 볼 수 없었던 할리데이비슨 출신 임원 13명이 1981년 할리데이비슨을 AMF에서 다시 사들여 대형 오토바이 전문 브랜드로 독립하기에 이릅니다. 할리데이비슨은 배기음과 진동을 키우고 차체는 더 육중하게 제작하는 등 본격적으로 차별화 전략을 펼칩니다. 1984년 기존 엔진의 결함을 개선해 선보인 에볼루션 엔진에 힘입어 오토바이족의 신뢰를 다시 얻게 되었고 마침내 2000년 혼다와 야마하를 제치고 세계 1위의 오토바이 제조 업체로 복귀하는 데 성공합니다.

## 고객을 팬으로 만들다

할리데이비슨 재기의 일등 공신은 할리 오너스 그룹Harely

Owner's Group, HOG이라고 불리는 고객 커뮤니티입니다. AMF에서 독립했을 때 광고할 돈조차 없었던 할리데이비슨은 1983년 '독수리는 홀로 비상한다'는 캐치프레이즈를 내걸고 할리데이비슨을 타는 사람을 모아 커뮤니티를 결성했습니다. 오토바이 운전자 교육이나 단체 오토바이 여행 등 할리족을 위한 다양한 행사를 개최해 결속을 강화하고 커뮤니티의 욕구를 충족시켜 입소문 마케팅을 펼친다는 전략이었습니다. CEO를 비롯한 임원진이 몸에 로고 문신을 새기고 가죽점퍼를 걸친 후 랠리에 참여했습니다. 할리데이비슨의 문화적 감수성으로 고객과 교감하자는 목적이었죠.

HOG에 대한 반응은 폭발적이어서 첫해 3,000명에 불과했던 회원은 2년 뒤 6만 3,000명으로 늘어났고 2007년에는 130만 명의 회원이 활동하는 세계에서 가장 큰 오토바이 동호회가 되었습니다. 회사 주도로 시작했으나 점차 자발적이고 열정적으로 할리데이비슨을 지원하는 클럽으로 변모한 것입니다. 한편 할리데이비슨 본사가 있는 밀워키 교외에서 열리는 HOG 랠리는 전 세계 할리족의 성지순례 프로그램으로 자리 잡아 2003년 할리데이비슨 설립 100주년 행사 때는 전 세계에서 25만 명이 집결했다고 합니다.

전 세계의 할리데이비슨 매장은 HOG 회원의 사랑방 역할을 합니다. 자신의 개성에 맞게 오토바이를 개조할 수 있는 수천 가지 부품은 물론 의상·부츠·모자·머플러 등 다양한 액세서리를 갖추고 있습니다. 보통 1,800만 원짜리 할리데이비슨을 산 고객은 1년 동안 600만 원 정도를 오토바이 부품 구입에, 200만 원 정도를 의상 구입에 쓴다고 합니다.

오래 전 한국 할리데이비슨 마케팅 담당 임원의 강의를 들은 적이 있습니다. 머리를 노랗게 염색한 40대 남성이 술이 달린 가죽 재킷에 청바지, 박차가 붙은 부츠를 신고 나타나 매우 인상적이었습니다. 그에 따르면 일단 HOG 회원이 되면 가죽점퍼·안장·부츠·모자·장갑·티셔츠 등을 필수적으로 구입해, 부품을 포함한 액세서리 매출이 오토바이 매출에 육박할 정도라고 합니다.

요즘에도 주말에 강변도로 등에서 검은 가죽점퍼와 가죽 바지를 입고 카우보이모자나 빨간 두건을 두른 채 굉음과 함께 줄지어 달리는 할리족을 볼 수 있습니다. 대부분 오토바이 질주로 자신의 열정과 야성을 확인하고 청년 시절로 돌아가고 싶어 하는 중장년층입니다. 할리족과 마주칠 때마다 미제美製, 'MADE IN USA'가 전 세계에서 인기몰이를 하는 이유는 청년기로의 회귀본능을 자극하는 미국의 청년기 문화코드 때문이 아닐까 생각하곤 합니다.

# 3

# 낯선 이의
# 눈에 비친
# 한국

# 그들은 왜

## 삼겹살에 반했을까?

여러분은 해외에 소개할 한국 음식을 고르라고 하면 어떤 것을 고르시겠습니까? 김치·불고기·비빔밥 등 이것저것 떠오를 텐데요, 저는 이 질문을 한국에 유학 온 외국 학생들에게 던져본 적이 있습니다. 한국의 특색 있는 음식을 찾아내 소개하는 발표 과제를 내주었지요. 외국 학생들이 가장 많이 꼽은 음식은 무엇이었을까요?

불고기·김치·비빔밥 등을 먼저 떠올리게 되는데, 놀랍게도 외국 학생들이 꼽은 것은 삼겹살과 즉석 떡볶이였습니다. 첫 번째 이유는 맛있고 값이 비교적 저렴하면서 다양한 영양소가 고루 포함된 건강식이라는 것이었습니다. 삼겹살은 돼지고기를 구운 뒤 쌈장을 얹어 신선한 채소에 싸서 먹기 때문에 단백질

· 지방 · 무기질 · 비타민이 고루 들어가 있고 즉석 떡볶이 역시 가래떡 · 어묵 · 당면 · 양배추 · 깻잎 · 해물 등 다양한 재료가 고추장 소스에 버무려진 일품요리라는 것입니다. 하루에 필요한 모든 영양소를 충족할 수 있는 완전식품이라는 것이지요. 삼겹살과 즉석 떡볶이가 모두 대표적인 서민 음식으로 가격이 저렴한 것도 주머니가 가벼운 학생들에게는 큰 장점이었습니다.

### 함께 만들고 함께 즐기는 음식

그런데 외국인 학생들이 삼겹살과 즉석 떡볶이를 대표적인 한국 음식으로 꼽은 중요한 이유는 따로 있었습니다. 둘 다 함께 만들어서 먹고 즐기는 요리라는 점입니다. 미리 조리된 것을 먹는 게 아니라 불판 주위에 둘러앉아 함께 만들어 먹는 즉석 요리지요. 함께 고기를 굽거나 떡볶이 재료를 넣어 만들어 먹는 것은 일종의 공동 창작 행위로 보는 것 같습니다.

삼겹살을 처음 접한 한 외국인 학생은 어떻게 먹어야 할지 몰라 망설이고 있는데 한국인 친구가 쌈을 싸서 입에 넣어주었다며, 그 배려에 감동을 받았다고 했습니다. 함께 음식을 만들어 먹는 과정 속에서 참여와 나눔을 경험한 것이지요. 또 같이 음식을 만들어 먹으면 격의 없는 소통이 이루어지고 자연스레 연대감도 생겨납니다. 학생이 아닌 외국인들은 최고의 한국 음식으로 숯불구이를 많이 꼽는 듯합니다. 삼겹살과 숯불구이는 재

외국인들이 삼겹살과 즉석 떡볶이를 호평한 이유는, 이 음식들이 '함께 만들어 먹는' 음식이기 때문입니다.

료만 다를 뿐, 함께 만드는 과정을 즐기는 요리라는 점에서는 같습니다.

### 삼겹살에도 의례가 있다

이뿐만이 아닙니다. 외국인 학생들은 삼겹살을 먹는 일련의 과정을 매우 흥미로워했습니다. 삼겹살 먹을 때를 떠올려볼까요? 먼저 삼겹살 기름이 튀지 않게 앞치마를 두릅니다. 그리고 물수건이나 물티슈로 손을 닦지요? 고기를 불판에 올려놓고 잘 익을 때까지 이리저리 뒤집으며 굽습니다. 고기가 다 익으면 취향에 따라 쌈 채소를 골라 쌈을 싸는데요, 삼겹살이든 숯불구이

우리는 인식하기 힘들지만 삼겹살을 구워서 쌈을 싸먹는 데는 의례儀禮적인 과정이 있으며, 이는 외부인의 눈에 더 명확하게 보입니다.

든 상추와 깻잎, 채 썬 파, 쌈장, 마늘은 빠지지 않습니다. 채소 위에 고기를 올려놓고 그 위에 파, 마늘, 쌈장을 얹은 뒤 채소로 쌈을 싸서 입에 넣습니다.

우리가 보기에는 자연스럽고 당연해보이는 이 과정을 외국 인들은 중요한 법식이자 절차로 여깁니다. 마치 서양 요리를 먹을 때 애피타이저부터 디저트까지 차례대로 즐기며 포크와 나이프도 쓰임에 맞는 것을 사용하는 것처럼, 그들은 삼겹살을 먹는 과정을 일종의 의례로 받아들이는 것입니다. 언제 어디서나 쉽게 삼겹살을 즐길 수 있는 한국인 입장에서는 외국인의 이런 생각이 놀라울 뿐입니다.

## 공동체 의식이 녹아 있는 음주 문화

외국인 학생들이 삼겹살과 즉석 떡볶이 다음으로 꼽은 것은 무엇일까요? 바로 막걸리와 한국의 독특한 음주 문화였습니다. 한국의 막걸리 같은 쌀 발효주는 다른 나라에서 쉽게 찾아볼 수 없으니 외국인 학생들이 반할 만하지요.

그런데 외국 학생들은 단순히 막걸리 자체를 특별하게 보는 게 아니었습니다. 주변 사람에게 술을 따라주되 연장자에게는 두 손으로 따르고 술잔을 받을 때는 고개를 돌려 마시는 예절을 특별하게 생각했습니다. 서양에는 이러한 술자리 예법이 없습니다. 칵테일을 직접 제조해 차례대로 마시는 폭탄주, 동작과 함께 노래를 부르며 술을 권하는 권주 의식도 외국인들이 호기심을 느끼는 음주 의식입니다.

외국 학생들이 특별하게 생각했던 한국의 음주 문화 중 또 다른 하나는 능동성이었습니다. 서양의 칵테일은 바텐더가 주문을 받아 만들어줍니다. 술 마시는 방식도 스탠드바라는 이름처럼 서서, 또는 스툴에 홀로 앉거나 나란히 앉아 마시는 게 대부분입니다. 손님 입장에서는 매우 수동적이지요.

이에 비해 한국은 상황에 따라 직접 술을 만들어 먹습니다. 막걸리나 소주에 과일 주스를 섞어 마시기도 하고 맥주와 소주를 섞어 마시기도 합니다. 능동적으로 칵테일을 만들어 마시는 것이지요. 일종의 창작인 셈입니다. 물론 이런 폭탄주를 경계하고 꺼리는 외국인도 있습니다. 그러나 억지로 강요하지 않고 적당히 즐기는 자리라면, 능동적인 음주 문화를 흥미롭게 여기는 경우가 많았습니다.

우리의 음주 문화는 다양한 칵테일을 직접 만들어 마시는 창작의 재미에, 초면인 사람 사이에도 대화를 풍요롭게 해주는 아이스 브레이킹 효과가 탁월합니다. 물론 억지로 강요하고 도를 넘도록 마신다면 문제가 되겠지요.

### 폭탄주 제조는 성스러운 의례?

저는 폭탄주하면 떠오르는 사람이 있습니다. 파리 특파원 시절 베를린 북미 회담 취재가 끝나고 동료 기자들과의 회식에 동석했던 한국 대사관의 현지인 운전기사입니다. 일주일 동안 계속된 회담이 끝난 뒤 기자들을 숙소로 데려다주던 그는 처음에는 극구 사양하다가 '봄 칵테일bomb cocktail(폭탄주)'이라는 말에 호기심이 당겼는지 회식에 참석했습니다. 그날 폭탄주는 회오리주였는데 그에게는 '트위스터주twister酒'라고 소개했던 것으로 기억합니다.

맥주를 채운 유리컵에 양주가 담긴 잔을 빠뜨리고 컵의 윗부분을 냅킨과 손으로 감싸서 휘휘 돌린 뒤 컵 속에 이는 회오리를 보여주고 나서 술에 젖은 냅킨을 천장이나 벽에 힘껏 집어던지면 된다고 제조법을 설명하고 시범도 보였습니다. 그는 자기 차례가 오자 단숨에 술을 마신 뒤, 자리에서 일어나 젖은 냅킨을 벽에 던지고는 "제대로 한 거냐?"고 몇 번이나 물었습니다. 그의 표정이 성스러운 의식을 치르는 제사장처럼 진지해 한참 웃음을 터트렸던 기억이 새롭습니다.

회담이 끝나고 기자단 환송 파티가 열렸을 때 그도 참석했습니다. 그는 또 어떤 칵테일 제조법을 선보일지 궁금해하는 눈치였습니다. 한 방송사 특파원이 그에게 충성주를 소개했습니다. 맥주를 채운 컵 가운데 젓가락 2개를 나란히 걸쳐놓고 양주가 담긴 잔을 올려놓은 뒤 테이블에 이마를 부딪치면 그 충격으로 양주잔이 맥주 컵에 빠져 칵테일이 만들어지는 방식이었습니다. 테이블에 이마를 부딪치는 것이 건너편 사람을 향해 고개 숙여 인사하는 것처럼 보여서 '충성주'라는 이름이 붙게 된 것이지요.

## 음식 문화에 빠져서는 안될 의례

호프스테더는 문화의 구조가 표층에서 심층의 순서로 상징·영웅·의례·가치로 구성되어 있다고 말합니다. 문화의 가장 표층에 있는 상징은 신호등이나 브랜드 로고처럼 같은 문화를 공유한 사람들이 인식하는 특별한 의미를 지닌 단어나 그림 등을 가리킵니다. 상징의 안쪽에는 영웅이 있습니다. 미국의 슈퍼맨이나 한국의 세종대왕처럼 실재든 가상이든, 살아 있든 죽었

든 사회가 추구하는 가치를 담고 있어 사회 구성원에게 귀감이 되는 인물을 말합니다.

그다음에 있는 의례rituals는 다도茶道, 삼일절 기념식, 고사 같은 것입니다. 목적을 달성하는 데 반드시 필요한 것은 아니지만, 한 문화 안에서 없어서는 안 되는 것으로 간주하는 집합적 활동입니다. 식사 예절, 인사법, 존경을 표하는 법, 사회적 · 종교적 의식 등이 포함됩니다. 겉으로는 합리적인 이유로 보이는 모임도 실제로는 의례 자체가 목적인 경우가 많습니다. 의례로 지도자를 드러낼 기회를 주고, 구성원 간의 친목과 유대를 강화합니다. 문화의 가장 심층부에 있는 가치는 어떤 상태를 더 선호하는 포괄적인 경향성을 가리킵니다.

## 음식보다 중요한 음식 문화

우리는 태어날 때부터 한국 문화 속에서 살아왔기 때문에 의식하지 못하지만 집단주의 문화에 익숙하지 않은 외국인에게는 음식과 술을 매개로 공동체의 정체성을 확인하고 결속력을 다지는 식문화가 놀랍고 신기하게 보입니다. 군중 속의 고독을 체감하는 현대인에게는 함께 만들어 먹고 마시면서 정을 나누는 한국의 음식 문화가 원시공동체 시절의 향수를 불러일으키는지도 모릅니다.

과거 정부에서 한식 세계화에 많은 자원을 투자했으나 결과적으로 실패한 이유 중 하나는 한국 전통 음식만 소개했을 뿐 음식에 따르는 의례나 식사 예절 등 음식 문화를 알리지 않았기 때문입니다. 함께 모여 같이 음식을 만들어 먹고 마시며 결속을 다지는 우리의 음식 문화야말로 외국인들이 부러워할 한국 문화가 아닐까요?

# 우리도 몰랐던

## '핫한' 아이템들

경희대학교 이매뉴얼 페스트라이시Emanuel Pastreich 교수가 쓴
『한국인만 모르는 다른 대한민국』이라는 책이 있습니다. 이 책
은 박근혜 전 대통령이 광복 70주년을 앞두고 국무회의 석상
에서 소개해 화제가 되었습니다. 우리는 한국인이라는 이유만
으로 한국 문화를 잘 안다고 생각하는 경향이 있습니다. 그러
나 미국의 문화인류학자 에드워드 홀이 "문화는 드러내는 것보
다 감추는 것이 훨씬 많으며, 그 문화에 속한 사람들이 감추어
진 바를 가장 모른다"고 말한 것처럼 생활 속에서 너무 당연하
게 여긴 나머지 그냥 지나치는 것들을 외국인이 재발견해 높이
평가하기도 합니다.

해외에 소개할 한국 상품이나 서비스를 고르라고 한다면 어

떤 것을 고르겠습니까? 정답은 없지만 외국인 학생들에게 비슷한 질문을 던져본 결과 몇 가지 의외의 답을 들을 수 있었습니다. 외국인 학생들이 가장 많이 꼽은 상품은 무엇일까요?

## '띵동' 식당 호출 벨

첫 번째는 놀랍게도 식당의 호출 벨이었습니다. 한국에서 공부를 끝내고 귀국할 때 가장 가져가고 싶은 한국 상품이 식당 식탁 귀퉁이에 붙어 있는 호출 벨이라니, 너무나 엉뚱했습니다. 도대체 이유가 무엇일까요?

서양에서는 식당에서 종업원을 부를 때 소리 내어 부르면 안 되고, 종업원이 올 때까지 기다리거나 손짓이나 눈짓으로 불러야 합니다. 제가 프랑스에 살 때, 종업원을 부르지 못해 낭패를 겪은 일이 있었습니다. 주말에 파리 교외의 소도시에 들렀다가 식당에서 늦은 점심 식사를 했는데 식사가 끝났는데도 종업원이 오지 않는 겁니다. 결국 주방 안까지 들어가 종업원을 찾았지요. 어떻게 된 일인지 요리사도 없고 아무런 인기척이 없었습니다. 결국 음식값을 지불하지 못하고 나와야 했습니다.

사정이 이러하니 서양 사람들 입장에서는 한국 식당의 호출 벨이 얼마나 편리해보이겠습니까? 벨을 누르면 종업원이 어느 자리에서 불렀는지 알 수 있게 전광판에 번호가 뜨는 것을 보고 외국인들은 굉장히 신기해합니다. 우리에게는 당연하게 여

식탁에 있는 벨을 누르면 점원에게 신호가 가는 호출 벨 시스템은 외국인들이 혁신적이고 매력적으로 느끼는 대표적인 한국 아이템 중 하나로 꼽힙니다.

겨지는 호출 벨이 외국인에게는 레스토랑 매니지먼트 시스템을 효율적으로 바꾸어줄 혁신적이고 매력적인 아이디어 상품으로 받아들여지는 것이 흥미롭습니다.

식당의 호출 벨과 비슷한 카페 진동 벨도 외국인들이 놀라워하는 아이템입니다. 요즘은 많은 카페에서 손님이 주문하면 진동 벨을 주고, 음료가 준비되면 진동 벨을 울려서 주문한 음료를 가져가도록 손님을 부릅니다. 진동 벨을 이용하면 종업원이 큰 소리로 손님을 부르거나, 일일이 테이블과 손님을 기억해 음료를 가져다주지 않아도 되니 서비스를 훨씬 빠르게 할 수 있습니다.

이 밖에 냉면이나 고기를 자르는 데 쓰는 음식 가위나 식당 식탁에 딸린 서랍식 수저통도 외국인의 호기심을 불러일으키기 충분합니다. 서양에서는 손님이 올 때마다 종업원이 와서 테이블을 세팅하면서 요리와 함께 나이프와 포크를 내어주지만, 우리는 손님이 직접 수저통을 열어 거기에 담겨 있는 수저·냅킨·포크 등을 사용합니다. 서양 식문화에 익숙한 사람들은 격식을 따지지 않고 실용성을 우선하는 우리의 식문화에 문화적 충격을 느낍니다.

## 부르면 어디든 오는 배달 서비스

외국 학생들이 자기 나라에 소개하고 싶은 한국 상품으로 두 번째로 많이 꼽은 것은 배달 서비스였습니다. 배달 서비스는 실제로 많은 외국인이 놀라워하는 한국 문화 중 하나입니다. 2011년 5월 미국 CNN의 아시아 정보 사이트 CNN Go는 '서울이 세계에서 가장 멋진 도시인 50가지 이유' 중 하나로 배달 서비스를 꼽았습니다. 한국이미지커뮤니케이션연구원이 한국인 여론 주도층과 한국을 경험한 외국인 여론 주도층 540명을 대상으로 2014년 실시한 설문 조사에서도 외국인 응답자의 50.87퍼센트가 한국이 가장 자랑할 만한 문화로 '빠르고 편리

시간과 장소의 제약 없이 다양한 음식을 배달시킬 수 있는 것은 한국 배달 서비스의 강점입니다. 스마트폰으로 주문이 가능한 배달 애플리케이션 시장도 크게 성장했습니다.

한 배달 음식 문화'를 꼽았습니다. 한민족이 배달민족이라고 불리는 이유는 배달配達 서비스가 뛰어나서라는 우스갯소리도 있지만, 이러한 조사 결과들을 보면 한국의 배달 서비스는 정말세계 최고 수준이라는 생각이 듭니다. 산꼭대기든 해변이든 특급 호텔이든 주문만 하면 무엇이든 1시간 내로 배달해주는 배달 서비스는 외국인, 특히 유럽인의 눈으로 보면 그야말로 환상적입니다.

저는 유학 시절 영국의 윔블던에 살다가 노리치로 이사를 갔습니다. 살림살이를 새로 장만해야 해서 이케아에 갔는데, 가구를 사고 배달 서비스를 신청했더니 따로 돈을 내야 한다더군요. 심지어 배송까지 2주가 걸린다고 했습니다. 게다가 배송 당일에는 오후 1시부터 6시 사이에 배달할 예정이니 5시간 동안 꼼짝 말고 집에 있으라는 식이어서 그날 하루는 다른 일을 하지 못하고 하루 종일 가구가 배달되어 오기만을 기다려야 했습니다.

그래서 그다음부터는 트럭을 빌려 중고품점에서 가구를 사왔습니다. 이런 일을 경험하다 보니 왜 유럽에서는 해치백이나 밴이 인기를 누리는지 알게 되었습니다. 불편하고 오래 걸리는 배달 서비스를 이용하느니 직접 차에 실어 가져오는 것이 낫다고 생각하는 것이지요. 그래서 자연스럽게 많은 짐을 실을 수 있는 자동차를 선호하게 되는 것이고요.

그나마 가구는 부피가 크고 무겁기 때문에 배달이라도 되지만 음식은 피자를 제외하면 배달 서비스가 거의 없습니다. 직접 구입해서 가져가는 테이크 아웃 상점만 많지 식당에서 파는 음식을 원하는 곳으로 배달해주는 문화는 서양에 존재하지 않습니다. 그래서 CNN go가 호텔 투숙객이 패스트푸드를 배달시켜 아침을 해결할 수 있는 한국의 풍경이 생소하지만 매력적이라고 한 것이 아닐까 싶습니다.

## 우리도 몰랐던 우리 문화

강준만 전북대학교 교수는 『우리도 몰랐던 우리 문화』라는 책에서 한국인이 세계 최고의 배달 민족이 될 수 있었던 이유는 아파트 중심의 고밀집 주거 구조, 자영업 비중이 높은 사회에서 살아남기 위한 치열한 서비스 경쟁, 그리고 무엇보다 한국인 특유의 '빨리빨리' 정신에서 찾을 수 있다고 지적합니다. 과거 한국인의 '빨리빨리' 문화는 조급함, 서두름 등 부정적 이미지로 인식되어왔지만 이제는 외국인이 탐내는 호출 벨, 배달 서비스 등을 발전시킨 동력으로 재평가되고 있습니다.

"한국인을 가장 잘 나타내는 표현을 고르라"는 한국이미지커뮤니케이션의 설문 조사에서 외국인의 64.4퍼센트가 '빨리빨리'를 지목했다고 합니다. 과거에는 '빨리빨리'가 버려야 할 문화유산이었지만 21세기 들어서는 한국을 IT 대국으로 만든 문화적 바탕이자 부러움을 사는 한국인의 대표적인 특정으로 자리매김했습니다. 우리가 미처 인식하지 못했거나 부정적으로 평가했던 우리의 기질, 우리의 문화를 새로운 시각으로 바라본다면 세계인을 매료시킬 또 다른 멋진 서비스를 찾아낼 수 있지 않을까요?

# 체면과 양심,

## 무엇이 더 중요할까?

흔히 한국 문화를 '체면 문화'라고 합니다. '남부끄럽다', '남보기 창피하다'처럼 나보다 남을 앞세우는 표현은 체면을 우선시하는 사회에서 자주 사용되는 말이지요. 사전을 보니 체면은 "상황과 관계에 따라 사실과 다르게 행동함으로써 자신의 지위와 외적 명분을 높이려는 실속 없는 겉치레"라고 합니다. 이러한 정의에는 부정적 인식이 짙게 깔려 있습니다.

체면 문화는 한국에만 있는 것이 아니라 중국과 일본 같은 동아시아의 다른 나라에서도 쉽게 찾아볼 수 있습니다. 한·중·일의 체면 문화는 사회적 명분이나 위신을 중시하는 유교 사상의 영향을 받았다고 할 수 있습니다. 그런데 동아시아뿐 아니라 중동의 아랍 국가들도 체면 문화와 비슷한 샤라프sharaf 문화가 있습니다. 이런 문화에서 개인의 태도와 행동은 '남이 나를 어떻게 볼까'에 맞추어져 있지요. 반면 서양에는 자신의 양심을 근거로 태도와 행동을 판단하는 죄의식 문화가 있습니다. 개인의 태도와 행동을 결정하는 기준이 '남의 눈'이라면 체면 문화, '신의 눈'이라면 죄의식의 문화라고 말할 수 있습니다.

## 중국의 몐쯔 문화

중국에는 체면과 의미가 비슷한 몐쯔面子라는 말이 있습니다. 성대하게 결혼식을 치르고 식당에서 음식을 많이 주문하며 손님을 접대할 때 상다리가 휘어지게 음식을 차리는 풍습은 몐쯔 문화에서 비롯되었다고 합니다. 몐쯔는 자존심·자긍심·명예 등의 뜻이 포함되어 있어, 한국에서 말하는 체면보다 의미가 무겁고 고려의 범위도 훨씬 넓습니다. 상황과 관계에 따라 나의 몐쯔가 바뀔 뿐 아니라, 여러 가지 사회적 성취(승진·학력·사업 성공)로 새로운 몐쯔가 생기기도 합니다.

몐쯔에 관한 표현은 헤아릴 수 없이 많습니다. '체면을 돌아보다顧面子', '체면을 살려주다給面子', '체면이 깎이다丟面子', '체면을 유지하다留面子', '체면을 빌리다借面子', '체면을 중시하다講面子', '체면을 밝히다愛面子' 등 아주 다양합니다. 오죽하면 중국의 어느 학자는 "중국인의 몐쯔는 늘어날 수도 있고 줄어들 수도 있으며 빌려줄 수도 있고 교환할 수도 있는 사회 교역의 밑천"

이라고 언급할 정도입니다.

"중국인은 예의를 따질 뿐, 합리를 따지지 않는다. 중국인의 예의는 바로 체면"이라는 타이완의 문화학자 바이양柏楊의 말처럼 중국인이 옛날부터 교육받아온 예禮와 멘쯔의 관계는 밀접합니다. 『삼국지』를 보면 왕이나 장수가 적국의 왕이나 장수에게 예를 갖추어 대화하는 장면이 나오는데요, 아무리 원수라 할지라도 최후의 순간까지 상대방의 멘쯔를 고려하는 것입니다.

중국인들은 헤어질 때도 서로의 멘쯔를 고려하다 보니 끝없이 인사를 주고받기도 합니다. 공공장소에서 시끄럽게 떠들어도 말리는 이가 없는 이유는 지적받는 순간 멘쯔가 상하기 때문입니다. 한번 상한 멘쯔는 여간해서는 회복이 어렵습니다.

중국인과 비즈니스할 때는 멘쯔를 반드시 유념해야 합니다. 협상할 때, 절대로 체면을 구기는 말을 해서는 안 됩니다. 거절할 때도 직접적으로 거절하기보다는 '고려해보겠다'와 같은 표현을 쓰는 것이 좋습니다. 중국에 진출해 현지화에 성공하려면 상대방의 식사 초대에 반드시 응해야 합니다. 만약 여러 번 식사에 초대했는데 응하지 않는다면 이는 멘쯔를 무시하는 것이므로 앞으로 사업이 어려워집니다. 부하 직원을 나무랄 때도 반드시 아무도 없는 곳으로 따로 불러서 문책해야 합니다. 여러 사람 앞에서 공개적으로 나무라는 것 역시 멘쯔를 깔아뭉개는 행동이기 때문입니다.

중국인들은 자신과 상대방의 멘쯔를 살리려고 선물을 자주

하는데, 중국인에게 선물할 때 중요한 것은 '내용물은 실용적이되 포장은 최고급으로 해야 한다'는 것입니다. 선물을 받을 때도 덥석 받으면 멘쯔가 서지 않으므로 형식적으로 여러 번 거절하는데, 거절한다고 해서 준비해간 선물을 주지 않으면 낭패를 보기 쉽습니다.

중국 사회에서 멘쯔는 자신을 방어할 때 더욱 강하게 표출됩니다. 중국인들은 웬만한 일에는 '미안하다對不起'고 말하지 않습니다. 분명히 잘못했는데 미안하다는 말을 하지 않는 것은 잘못했다고 인정하는 순간 멘쯔가 추락하기 때문입니다. 개인의 사소한 일상에서뿐 아니라 대형 프로젝트나 회사 간 협상, 외교 협상에서도 멘쯔는 똑같이 작동합니다.

## LG 냉장고의 성공 비결

중국 대도시 중산층 아파트에 가보면 거실에서 가장 눈에 띄는 것이 대형 냉장고입니다. 중국 냉장고 4대 중 1대는 꽃무늬가 새겨진 양문형 LG 디오스라고 합니다. 그동안 중국 가정에서 냉장고는 주방 한구석에 숨어 있었습니다. 외식을 선호하고 찬 음료를 싫어하는 중국인에게 큰 냉장고가 필요 없었기 때문입니다.

이렇게 천대받던 냉장고를 거실로 끌어낸 주인공이 바로 LG의 디오스 냉장고입니다. 디오스의 성공에는 중국 특유의 멘쯔

LG 디오스 냉장고는 중국인의 과시욕과 그 밑에 깔린 멘쯔를 파악한 덕에 중국 시장에서 성공을 거둘 수 있었습니다.

를 겨냥한 마케팅이 숨어 있습니다. 중국인의 소득이 늘어나면서 주택이 넓어지고 내부도 화려해졌지만, 정작 집 안에 둘 가전제품은 텔레비전 외에는 없었습니다. 그러던 차에 LG가 2005년경 중국 내 대형 양문형 냉장고 생산을 결정합니다. 중국인들이 크고 비싼 것을 좋아하고 이를 과시하려는 성향이 강하다는 것을 고려한 것입니다. 아니나 다를까, 중국에서 새 아파트를 구매한 중산층들이 구식 냉장고를 버리고 양문형 대형 냉장고를 사서, 눈에 가장 잘 띄는 거실 한복판에 두는 것이 유행처럼 번졌습니다. 냉장고가 친척과 친구를 초대해 경제적 여유를 과시하는 수단이 된 것입니다. 이 전략으로 LG는 중국의 양문형 냉장고 시장을 선도, 시장점유율 1위를 차지했습니다.

## 일본의 수치심 문화

일본은 수치심 문화가 발달한 나라입니다. 미국의 문화인류
학자 루스 베네딕트Ruth Benedict가 미국 국무부의 의뢰를 받아
1946년 출간한 일본 문화 연구서 『국화와 칼』에서 처음 소개한
이후, 수치심 문화는 일본을 설명하는 대표적인 말이 되었습니
다. 일본 사람들은 지진과 같은 천재지변이 발생했을 때도 줄을
서서 대피하고, 쓰나미가 몰려온다는 소식에도 교통법규를 지
킵니다. 일본인이 유독 시민 의식이 투철하기 때문일까요? 배
려심이 뛰어나기 때문일까요? 그렇지 않습니다. 사실은 수치심
에 대한 두려움 때문입니다. 잘못을 저지르는 것 자체보다 잘못
을 남에게 들키는 순간의 수치심이 두렵기 때문입니다. 그러다
보니 개개인은 질서와 규범을 지키려고 노력하지만 다른 사람
과 함께라면 잘못된 일도 아무렇지 않게 저지를 수 있는 역설
이 성립하는 것이지요.

일본 문화에서는 의무를 다하고 의리를 지키는 것이 강조됩
니다. 천왕에게 충성하고 부모에게 효도하는 것은 이들의 은혜
에 보답하는 것으로, 무조건 실천해야 하는 의무입니다. 의무를
다하는 이유는 도덕적인 원칙과는 별 상관없습니다. 부모가 악
행이나 부정을 저질러도 자식은 부모를 비난할 수 없습니다. 국
가를 상징하는 천왕에 대한 충성 또한 맹목적이어서 제2차 세
계대전 당시 일본인들은 전쟁이 정의로운지 아닌지에 관심이

일본의 수치심 문화는 빚·파산·실직·이혼 등 개인이 얼마든지 겪을 수 있는 실패마저 받아들이지 못하는 풍토를 만들었습니다. 이 때문에 연평균 10만 명에 달하는 사람이 '증발'하고 있다고 합니다.

없었습니다. 따라서 천왕이 연합군에 항복을 선언했을 때 일본 인들은 아무런 도덕적 갈등 없이 천왕의 명에 복종하고 연합군 의 상륙을 진심으로 환영할 수 있었습니다. 천왕에게 충성하고 부모에게 효도하며 자신에게 은혜를 베푼 이들에게 의리를 지 키는 이유 역시 보편적 윤리 강령과는 무관합니다. 의리를 지키 지 않으면 '의리를 모르는 인간'이라는 소리를 듣게 되는데, 이 는 아주 수치스러운 일이기 때문입니다. 의리를 지키는 일은 때 로는 폭력이나 개인적 복수도 동반해 야쿠자 사이에서는 패싸 움이 벌어지기도 합니다.

일본인은 죄 자체보다 자신이 저지른 죄가 알려지는 것을 심각하게 받아들입니다. 자신의 죄를 남이 아는 것을 치욕으로 여기기에 다른 사람에게 자신이 저지른 잘못이 발각되면 커다란 모욕감을 느낍니다. 사연은 천차만별이지만 일본에서는 빚·파산·실직·이혼·시험 낙방 등 실패로 인한 고통과 수치심을 견디지 못하고 스스로 사회에서 증발하듯 사라지는 사람이 연평균 10만 명이나 된다고 합니다. 그중 경찰에 실종 신고되는 수가 8만 5,000명 정도로, 1980년대의 거품경제가 무너진 1990년대에는 매년 12만 명에 달했다고 합니다.

일본인에게 체면은 개인 존엄성의 표상입니다. 체면이 깎이면 할복 자결도 불사하는 전통이 있습니다. 자신의 체면도 중요하지만 남의 체면을 손상하는 일도 꺼립니다. 부탁을 거절하면 상대방의 체면이 깎일 것을 염려해 부탁을 들어주지 못하더라도 딱 잘라 거절하지 않고 '검토하겠다'며 얼버무립니다. 누군가를 공개적으로 비판하거나 모욕하는 것은 당연히 금기에 속합니다. 이 때문에 일본인은 자신의 의견을 명확하게 밝히기보다 타인의 말을 경청하는 경향이 강합니다. 토론할 때 서구인은 의견을 뚜렷하게 밝히는 반면 일본인은 노골적으로 반대 의견을 표시하는 것은 무례하다고 봅니다. 한때 이시하라 신타로石原愼太郎의 『선전포고, NO라고 말할 수 있는 일본 경제』라는 책이 화제가 되었었는데, 상대방에게 좀처럼 'NO'라고 말하지 않는 일본인의 특성을 잘 설명해주는 제목이라고 생각합니다.

## 아랍의 샤라프 문화

아랍인은 대체로 체면 의식이 남달리 강하고 명예와 품위를 중시합니다. 자존심이 강하고 과장과 허세가 강한 기질의 배경에는 남성 중심적인 아랍 사회의 특성과 칼리프 시대의 영광을 자의식의 근원으로 삼는 아랍 특유의 문화코드가 있습니다.

사막의 베두인 시절부터 오랫동안 배타적인 생활을 해온 아랍인들은 고집과 자부심이 강해 자존심을 상하게 하면 큰 손해를 입게 됩니다. 상대방이 없는 곳에서 그를 비난했는데 이를 본인이 알게 되면 자존심에 심한 손상을 입었다고 생각하고 끝까지 복수하려 듭니다. 반대로 상대방의 자존심을 세워주면 감사를 표하는 것은 물론 적극적으로 도와주려 합니다.

타인의 눈과 명예를 중시하는 아랍인의 전통적 문화코드는 종교세 자카트zakāt를 납부하는 한, 재산 축적과 소비에 관용적인 이슬람교와 결합해 체면과 겉치레를 중시하는 문화 현상을 낳았습니다. 아랍인은 내실보다는 외면적 가치, 즉 남에게 보이는 모습과 타인의 평가를 중시합니다. 그래서 항상 체면과 명성을 지키려 노력합니다. 아랍에서 한 개인의 명예나 수치는 자신의 사적인 문제로 국한되지 않고 가문 전체, 나아가 부족 전체의 명예와 직결됩니다. 아랍에서 사회를 구성하는 최소 단위는 서구와 달리 가족이기 때문입니다.

내가 필요해서가 아니라 남의 시선을 고려해 소비하는 아랍

아랍의 체면 문화는 과시적인 소비로 나타나는 것으로도 유명합니다. 사진은 사우디아라비아의 갑부가 소유한 것으로 알려진 금도금한 스포츠카입니다.

의 체면 문화는 손님에게 과도할 정도로 대접하는 환대 문화, 가정 형편에 맞지 않는 호화로운 결혼식, 라마단 기간에 버려지는 엄청난 양의 음식 등에서 엿볼 수 있습니다. 이슬람 율법에 따라 해가 떠 있는 동안은 음식은 물론 물도 마실 수 없는 라마단은 절제의 기간인 동시에 축제와 소비의 기간입니다. 무슬림은 라마단 기간에 해가 진 뒤 평소보다 많은 음식을 장만해서 손님을 초대하고 형편이 어려운 사람과 나누어 먹습니다. 또한 손님에게 보여주려고 가전제품이나 자동차를 구입하기도 합니다. 이를 겨냥해 기업들은 라마단 기간에 집중적인 마케팅을 펼치며, 소비자들은 라마단을 중심으로 1년 소비 계획을 세웁니다. 과거에는 낮에 식당과 카페들이 문을 닫는 통에 라마단은 비즈니스 휴지기를 의미했지만 오늘날에는 비즈니스 특수 기간으로 바뀌고 있습니다.

아랍 사회에서 체면 문화는 다른 사람보다 높은 명성과 명예를 얻으려는 경쟁적 양상으로 나타납니다. 중동 지역에서 고급 자가용과 고가의 소비품이 인기를 끄는 이유도 이러한 경쟁적 체면 문화의 단적인 예라 할 수 있습니다. 아랍인은 명예와 체면을 유지하려고 명품에 집착하는 모습을 보입니다. 금장 휴대폰과 금도금한 대형 텔레비전 구매 등이 이러한 체면 문화에 바탕을 둔 소비 문화의 좋은 예입니다. 명품 브랜드의 마케팅은 체면과 명예를 중시하는 아랍인들의 문화코드와 맞아떨어져 대성공을 거두었습니다.

## 서양의 죄의식 문화

반면 서양인은 동양인과 달리 남의 눈을 의식하지 않습니다. '남의 눈' 대신 '신의 눈'을 의식하지요. 서양에서는 그리스도교 사상의 영향으로 유일신에 대한 신앙심이 행동의 바탕이 되어왔습니다. 서양인들은 신과 나의 관계가 중요한 만큼 신 앞에서 죄를 짓지 않고자 노력합니다. 때문에 자신의 양심에 비추어 판단하고 행동하는 '양심 문화' 혹은 '죄의식 문화'가 발달한 것이죠.

죄의식이나 수치심은 나쁜 일을 하거나, 어떤 일에 실패하거나, 중요한 사회 규범을 위반한 사실을 본인이 인식한 뒤에 갖게 되는 감정적인 반응입니다. 그런데 수치심과 죄의식 사이에는 미묘하면서도 중요한 차이가 있습니다.

베네딕트는 『국화와 칼』에서 동양의 수치심 문화shame culture와 서양의 죄의식 문화guilt culture를 구분했습니다. 베네딕트는 이 책에서 그리스도교 문명이 바탕이 된 서양이 내면의 죄의식을 중시하는 반면 동양 사회는 수치심 문화가 도덕 코드로 자리 잡고 있다고 보았습니다.

수치심과 죄의식은 어떻게 다를까요? 수치심은 집단주의 문화의 특징이고, 죄의식은 개인주의 문화의 특징이라고 할 수 있습니다. 사람에게는 분노·좌절·공포·비애·기쁨 등 자기중심적 정서와 동정심·수치심·우월감·모욕감 등 타인중심적 정서가 있는데, 개인주의 문화권에서는 자기중심적 정서의 표현이, 집단주의 문화권에서는 타인중심적 정서가 발달합니다. 수치심과 죄의식은 '남의 눈'과 '신의 눈' 중에서 어느 쪽을 더 의식하느냐에 따라 생기는 차이라고 말할 수 있습니다.

수치심 문화에서 수치심은 내가 한 규칙 위반을 남이 알고 있는지 아닌지에 좌우되므로 다른 사람이 내가 한 규칙 위반을 모르면 수치심을 느끼지 않습니다. 반면 죄의식 문화는 양심이라는 절대적인 기준에 따라 행동할 것을 강조합니다. 베네딕트는 죄의식은 양심에 위반되기 때문에 느끼는 내면적인 현상, 즉 다른 사람이 자신의 비행非行을 알건 모르건 관계없이 느끼는 감정이라고 보았습니다. 서양인은 주로 죄의식 때문에 선행을 하며, 어느 누구도 자신의 비행을 알지 못하더라도 양심의 가책으로 인한 고통을 느낍니다. 서양인은 죄의식과 고통에서 벗어나려고 교회에 가서 신에게 자신의 죄를 고백합니다.

여기에서 체면과 자존심의 차이가 드러납니다. 개인주의 사회에서는 자존심을 중시합니다. 자존심은 개인의 관점에서 정의됩니다. 서양에서는 아이들이 어릴 때부터 잘못할 때마다 일관되게 벌을 줌으로써 보편적인 도덕적 가치를 심어줍니다. 양심이 마비되어 죄의식을 느끼지 못하면 반사회적인 인간으로 봅니다.

이에 비해 체면은 남을 대하기에 떳떳한 도리를 가리킵니다. 그래서 체면은 타인을 전제로 하는 집단주의 사회의 개념이고, 사회적 관점에서 정의됩니다. 체면 문화에서는 내면화된 죄의식이 아니라 외부적 제재가 집단 구성원의 태도와 행동을 통제합니다. 외부적 제재는 남에게 비난받거나 모욕당할 때 느끼는 수치심입니다.

## 외부 지향의 체면 문화 vs. 내부 지향의 양심 문화

체면 문화와 양심 문화는 행동의 판단 기준이 나에게 있는지, 타인에게 있는지에 따라 구분할 수 있습니다. 이러한 문화적 차이는 트롬페나스 박사와 햄든터너 교수가 말하는 내부 지향 문화와 외부 지향 문화와도 일맥상통합니다. 두 사람은 문화권에 따라 자연과 인간의 관계를 바라보는 시각이 다르다고 주장했습니다. 인간이 자연을 통제하는 것이 바람직하며 통제의 근원은 자신에게 있다고 보는 것은 내부 지향 문화입니다. 북미와 서유럽이 여기에 해당하지요. 반면 인간은 자연의 일부이기에 외부 환경을 통제하기보다 조화를 추구하는 것이 바람직하며 통제의 근원은 외부에 있다고 보는 쪽은 외부 지향 문화입니다. 아시아가 여기에 속합니다. 행동의 판단 기준과 자연 통제의 기준을 같은 잣대로 본다면 이 기준이 외부 즉, 타인에게 있는 체면 문화는 외부 지향 문화이고 기준이 자신 즉, 내부에 있는 양심 문화는 내부 지향 문화라고 할 수 있겠죠.

내부 지향 문화와 외부 지향 문화는 경영 방식에도 영향을 미쳤습니다. 외부 지향인 체면 문화에서는 고객의 요구에 대응하는 고객 관리 경영, 외부에서 가져온 것을 모방하고 개선하는 가이젠改善 경영이 발전했습니다. 반면 내부 지향인 양심 문화권에서는 경쟁에서 우위를 차지하려는 전략, 보상과 성공을 연동하는 성과 연동 보상제 등이 발전했습니다.

여기서 주목할 점은 유독 서구 학자들이 '고객 지향' 경영을 강조한다는 것입니다. 트롬페나스 박사와 햄든터너 교수는 북미와 서유럽 국가들의 내부 지향적 성향에서 그 이유를 찾았습니다. '나' 중심의 성향이 강한 내부 지향 문화권에서는 고객에 대한 관심과 이해가 상대적으로 부족하기 때문이라는 것이죠.

반면 일본·중국·싱가포르 등 아시아의 외부 지향 문화는 나보다 남을 우선적으로 의식하는 것이 일반화되어 있기에 굳이 '고객 지향'을 강조할 필요가 없다고 합니다.

이런 관점에서 본다면 체면 문화가 부정적인 것만은 아닌 것 같습니다. 체면치레가 지나치면 형식에만 치우쳐 속 빈 강정이 될 수 있지만, 체면 문화는 고객의 마음을 살피는 강점이 될 수도 있습니다. 고객 지향을 내면화할 수 있는 체면 문화의 강점을 잘 살려보면 어떨까요? 한국 기업이 글로벌 시장에서 더욱 선전할 수 있는 무기가 될 수 있을 것입니다.

# '의리 없는 놈'이

# 미운 이유

"탄산도 카페인도 색소도 없다. 우리 몸에 대한 으리(의리)", "전통의 맛이 담긴 항아으리(항아리). 그래 신토부으리(신토불이)", "엄마, 아빠, 동생도 으리(의리). 으리(우리) 집 으리(우리) 음료". 2014년 배우 김보성이 '의리'를 내세운 광고를 찍어 폭발적인 인기를 얻었습니다. 김보성이 찍은 팔도의 비락식혜 광고는 3일 만에 유튜브 조회 수 150만 회, 일주일 만에 200만 회를 넘겼습니다. 광고가 나간 후 비락식혜 판매량은 급증했다고 합니다.

'우리 몸에 대한 의리'를 주제로 한 이 광고는 우리에게 친근한 '의리'를 '으리' 또는 '우리'로 변형한 광고 문구와 김보성의 과장된 남성성 연기로 소비자를 사로잡았습니다. 광고에서 김

'의리'를 내세운 팔도의 비락식혜 광고는 출시 3일 만에 조회 수 150만 회를 기록했고, 2019년 1월 현재는 300만 조회 수를 넘었습니다.

보성은 무슨 이야기든 '의리'로 몰아갑니다. 실제 발음은 '으리'에 가까운데 '신토부으리', '아메으리카노', '마무으리' 등 끝 모르고 이어지는 '으리' 타령이 "이로써 나는 팔도와의 으리(의리)를 지켰다. 광고주는 갑, 나는 으리(을이)니까!"로 귀결되는 대목에서는 터져 나오는 웃음을 참을 수 없습니다.

## 한국인에게 친숙한 의리

의리義理는 한국인에게 매우 친숙한 단어입니다. 의리의 사전적 의미는 '사람으로서 마땅히 지켜야 할 도리', '사람과의 관계에 있어 지켜야 할 바른 도리'입니다. 한번 맺은 인간관계를 변함없이 유지하는 것을 뜻합니다만 '남남끼리 혈족 관계를 맺는

일'이라는 뜻도 있습니다. 남이지만 의기義氣에 기대어 가족에 준하는 관계를 맺고 그 관계에 기반해 무엇인가를 도모한다는 의미입니다. 우리가 흔히 떠올리는 '의리'라는 단어에 함축된 느낌은 후자에 가깝습니다.

'가족이 아닌데 가족에 준하는 관계를 맺고 그 관계를 바탕으로 불가능한 일을 벌이는', 한마디로 '조폭(조직폭력배) 친화적'인 개념이지요. 1970년대에 유행했던 액션 영화 제목에는 〈의리에 산다〉, 〈의리의 사나이 돌쇠〉처럼 '의리'가 빠지지 않았고, 심지어 당시 수입된 홍콩 영화 〈독비도獨臂刀〉의 제목을 〈의리의 사나이 외팔이〉로 바꾸었을 정도입니다. 친구 사이에서 '의리 없는 인간'으로 낙인찍히면 어울리지 못하게 되고 사회 곳곳에서 '의리에 살고 의리에 죽는' 사람으로 넘쳐났습니다.

## "우리가 남이가"

김보성의 비락식혜 광고에서 '의리'는 '으리'를 거쳐 '우리'로 치환됩니다. "우리가 남이가"는 무슨 일을 도모할 때 가족이 아닌데도 가족처럼 합심해 협력하겠다는 행동 강령이자 다짐이기도 합니다.

한국인이 대화에서 의리 못지않게 많이 사용하는 단어가 우리입니다. 저는 외국 학생들에게 한국인의 집단주의적 특성을 설명하면서 '우리'의 용법을 사례로 들고는 했습니다. 실제로 대부분의 사람이 '내 집', '내 학교', '내 동네'라는 말 대신 '우리 집', '우리 학교', '우리 동네'라는 표현을 즐겨 사용합니다. 심지어 '우리 아들', '우리 남편', '우리 마누라'라는 말을 자연스럽게 하는데 한국말을 처음 배우는 외국 학생들은 그것을 듣고 한국 사회에 일부다처제와 일처다부제가 혼재되어 있다고 오해하기도 합니다.

처음 만난 사이에 나이를 따져 '형님', '동생'으로 말을 트고 점원이 고객을 '언니'나 '어머님', '아버님'으로 호칭하며 손님이 식당 주인을 '이모'라고 부름으로써 '전 국민을 가족화'해버리는 것을 보면 집단주의 문화가 얼마나 뿌리 깊이 자리 잡고 있는지 실감하게 됩니다. 우리나라는 혈연 · 지연 · 학연으로 강하게 얽혀 있는 '끼리 문화'가 지배하는 사회입니다. '우리끼리'의 문화에서는 공정성보다는 융통성이, 보편적인 정의보다는 친밀도에 따라 달라지는 '의리'가 중시됩니다.

결속력이 강하기로 유명한 동문회 · 향우회 · 화수회를 일사불란하게 움직이는 힘이 바로 필요할 때 수시로 도움을 주고받을 수 있는 의리입니다. 문제는 의리가 통하는 범주가 친척 · 동창 · 동향 친구에 국한되어 있다는 점입니다. 집단 내에서는 문제없이 작동하던 신뢰와 투명성은 집단을 벗어나면 배타성과 폐쇄성으로 돌변합니다. 의리로 뭉쳐진 '우리끼리 문화'에는 대한민국, 혹은 인류가 지향해야 할 보편적 가치가 들어설 여지가 없습니다.

## 친구가 죄를 지었다면

"친구가 차를 몰고 가다 과속을 해서 사람을 치었는데 당신은 그 차에 동승하고 있었다. 유일한 증인인 당신이 과속 사실을 숨기면 친구는 가벼운 처벌만 받게 되나, 사실대로 이야기한다면 큰 벌을 받게 된다. 당신은 법정에서 친구를 위해 거짓말할 용의가 있는가?"

트롬페나스 박사와 햄든터너 교수는 글로벌 기업에서 근무하는 50여 개국의 매니저에게 이런 상황에서 어떻게 할 것인지 질문했습니다. 결과는 놀라웠습니다. "아무리 친구라 하더라도 진실을 이야기한다"는 비율이 캐나다는 96퍼센트에 이르렀고 미국·영국·독일도 90퍼센트를 넘었습니다. 이와 달리 프랑스·일본·싱가포르 등은 60퍼센트대, 중국·인도네시아·러시아는 40퍼센트대를 기록했습니다. 한국은 이보다도 훨씬 낮은 26퍼센트에 불과했습니다. 38개 조사 대상 국가 중 꼴찌였죠. "그 정도는 거짓말도 아니다", "아무도 본 사람이 없는데 친구를 위해서라면 거짓말하는 것이 대수겠나"라는 사람이 많았습니다. 이 자료는 1993년 발표된 뒤 몇 번 갱신되었지만 한국의 순위는 거의 달라지지 않았습니다.

"당신은 전국의 식당을 돌아다니며 종업원의 서비스·인테리어·위생 상태 등을 관찰해서 식당을 평가하고 순위를 매기는 음식 칼럼니스트다. 어느 날 절친한 친구가 전 재산을 투자해 식당을 개업했으니 와서 음식 맛을 보고 우호적인 기사를 써달라는 부탁을 해왔다. 그런데 친구의 식당을 방문해보니 거의 모든 평가 지표에 낮은 점수를 줄 수밖에 없는 상황이었다. 친구는 좋은 기사를 써달라고 채근하는데 어떻게 할 것인가?"

트롬페나스 박사와 햄든터너 교수의 두 번째 질문에 "친구의 사정이 아무리 어렵더라도 문제가 많은 식당에 우호적인 기사를 쓰지 않겠다"고 응답한 비율이 가장 높은 국가는 핀란드(75퍼센트)였고 다음이 스위스(71퍼센트), 캐나다·호주(69퍼센트) 순이었습니다. 친구는 친구일 뿐, 친구를 위해 사실과 다른 기사를 써서 음식 칼럼니스트의 명성을 훼손할 수 없다는 것입니다. 반면 러시아·한국·폴란드는 40퍼센트를 기록했고 세르비아는 24퍼센트였습니다. 응답률이 낮을수록 사실이 아니더라도 어려움에 처한 친구를 돕기 위해서 우호적인 기사를 작성할 용의가 있음을 가리킵니다.

## 보편주의 vs. 특수주의

이 연구 결과는 갈등을 해결하는 방식에 문화의 차이가 존재한다는 것을 보여줍니다. 트롬페나스 박사와 햄든터너 교수는 그 차이를 보편주의와 특수주의로 설명합니다. 캐나다·핀란드·미국·영국·독일 같은 나라에서는 보편주의 문화가, 한국·중국·인도네시아·러시아·세르비아 같은 나라에서는 특수주의 문화가 우세하다는 것입니다.

　보편주의 문화에서는 규칙과 규범이 사회를 지배하며, 사회 구성원은 규칙과 규범을 준수하고 그에 순응하며 살아갑니다. 이런 사회에서는 규칙과 규범이 인간관계보다 중요합니다. 이에 비해 특수주의 문화는 상황이나 대상에 따라 원칙이 얼마든지 바뀔 수 있다는 특징을 보입니다. 예를 들어, 범법자는 처벌을 받는 것이 원칙이지만 그 사람이 친척이거나 친한 친구라면 법을 적용하는 원칙이 달라질 수 있다는 것입니다. 상대방과의 친밀도에 따라 판단 기준이 달라지는 것입니다. "위증을 하면 안 되지만 어떻게 친한 친구 일인데 사실대로 말한단 말인가?"는 것이 일반적인 한국인의 정서지요.

　한국은 인간관계를 중시하고 인간관계에서 의리가 중요한 '정情의 사회'입니다. 규칙과 약속도 중요하지만, 의리를 지키려고 규칙과 약속을 과감하게 왜곡하고, 적절히 변용합니다. 그렇기 때문에 한국에서는 규칙대로 하거나 원칙을 너무 강조하면 '벽창호', '고지식한 사람', '인정머리 없는 사람'으로 통하기 쉽습니다. 이런 온정주의가 어쩌면 초고속 경제성장을 가능하게 한 힘이었을지도 모릅니다. 한국인은 의기가 투합하기만 하면 폭발적인 힘을 발휘할 수 있습니다. 야근도 불사하고, 주말도 반납하며, 대규모 건설공사의 기간을 단축하고, 해외 오지 시장을 앞장서 개척해왔습니다. 의리를 중시하는 정의 문화 덕분에 유럽이 150년에 걸쳐서 이룬 근대화를 20~30년 만에 이루어낼 수 있었을 것입니다.

하지만 이제 한국은 세계 10위권의 경제 대국이자 한국을 본받고자 하는 국가들이 있는 선도 국가입니다. 의리와 정은 초고속 경제성장을 이룩하는 데는 효과적이었지만 달성한 경제적 성과를 유지하고 불확실한 미래 사회를 지키는 데는 별로 도움이 되지 않습니다. 고속 성장을 위해 그동안 희생해왔던 규칙 준수, 안전 우선, 책임 완수 등의 가치를 되찾아야 할 때입니다. 대한민국 선진화는 '의리'와 '우리'로 포장된 가짜 가족주의와 '끼리 문화'의 칸막이를 허물고 보편적인 가치와 열린 마음을 키우는 세계시민 교육에서 시작되어야 합니다.

# 같지만 다른

## 카드와 화투

2006년 개봉한 영화 〈카지노 로얄Casino Royale〉은 긴장감 넘치는 도박의 세계를 보여줍니다. 영국 MI6의 비밀 요원 제임스 본드는 도박으로 대규모 테러 자금을 모으려는 포커광 르 쉬프르를 잡기 위해 몬테카를로의 호화 카지노에서 포커 판에 뛰어듭니다. 〈카지노 로얄〉이 카드를 매개로 한 도박의 세계를 보여주었다면 같은 해 개봉한 〈타짜〉는 화투 도박판을 배경으로 한 한판 승부를 그려냅니다. 도박판에 빠져든 시골 청년 고니와 매혹적인 미모로 남자들을 도박판에 끌어들이는 정 마담, 그리고 전설의 타짜 아귀가 게임이 끝나지 않고는 나갈 수 없는 배에서 전 재산과 팔목을 걸고 도박을 벌이는 마지막 장면은 압권입니다.

## 카드의 유래

우리가 흔히 트럼프trump 카드라고 부르는 카드의 정식 명칭은 플레잉 카드playing card이며, 트럼프는 상표명으로 '으뜸 패'라는 의미가 있습니다. 카드의 유래에 대해서는 중국 · 인도 · 이집트 등 다양한 설이 있으나 아랍에서 만들어져 11~13세기 십자군 전쟁 당시 아랍인과 십자군, 집시가 유럽으로 전래했다는 설이 유력합니다.

유럽의 플레잉 카드는 타로tarot라는 형태의 카드에서 발전했습니다. 15세기 전반 이탈리아 북부에서 타로가 제작되었다는 기록이 있습니다. 당시는 화가가 카드를 한 장씩 그리는 방식이어서 희귀하고 가격도 비쌌습니다. 타로 카드는 귀족의 전유물이었습니다.

타로 카드는 16세기 이후 목판화로 대량 제작되면서 유럽 전역으로 보급되었습니다. 현재 사용하는 22장의 메이저 아르카나major arcana와 56장의 마이너 아르카나minor arcana로 구성된 총 78장의 타로 카드는 18세기 무렵 등장했습니다. 당시 카드의 주 생산지였던 마르세유의 이름을 따서 마르세유 타로라고 부르기도 합니다. 타로 카드의 그림은 제작자에 따라 다양하지만 공통적으로 메이저 아르카나는 광대 · 마법사 · 황제 · 교황 · 전차 · 매달린 사람 · 죽음 · 악마 · 태양 · 달 · 탑 등의 그림으로 구성되어 있고 0에서 21까지 숫자가 부여되어 있습니다.

메이저 아르카나(위)와 마이너 아르카나(아래)입니다. 메이저 아르카나는 상징 그림과 0에서 21까지의 번호가 매겨져 있습니다. 마이너 아르카나는 금화ㆍ검ㆍ성배ㆍ곤봉의 상징에 각각 1에서 10까지의 번호(1은 'one'이 아니라 'ace'입니다)와 PㆍKㆍQㆍK의 인물 카드로 이루어져 있습니다.

마이너 아르카나는 금화ㆍ검ㆍ성배ㆍ곤봉 등 4개의 상징으로 구분되고 각각의 상징은 1에서 10까지 숫자와 시동ㆍ기사ㆍ여왕ㆍ왕 등 4명의 인물 카드로 이루어져 있습니다. 금화ㆍ검ㆍ성배ㆍ곤봉은 각각 상인ㆍ귀족(또는 기사)ㆍ성직자ㆍ농민을 의미합니다. 이는 중세 유럽을 대표하는 4가지 신분 계급입니다. 18세기 말엽부터 유럽의 신비주의자나 점술가들이 타로 카드로 점을 치기 시작했습니다. 마이너 아르카나는 플레잉 카드로 진화해 게임 도구가 되었습니다.

## 중세 유럽 문화가 반영된 카드

타로 카드가 플레잉 카드로 발전하면서 금화는 재물을 상징하는 붉은색 다이아몬드(◆), 검은 권력과 명예를 상징하는 검은색 스페이드(♠), 성배는 사랑을 상징하는 붉은색 하트(♥), 곤봉은 행운을 상징하는 검은색 클로버(♣)로 바뀌었습니다. 플레잉 카드는 이러한 4가지 문양suit으로 구성되어 있고, 각 문양마다 1~10의 숫자에 K(킹), Q(퀸), J(잭) 등 3명의 인물을 더해 13장씩 총 52장으로 이루어져 있습니다. 여기에 19세기 후반 조커joker가 추가되었습니다.

조커가 어릿광대 모습인 것은 타로 카드 메이저 아르카나에 들어 있는 광대 카드의 영향을 받아서라고 하지요. 플레잉 카드에 등장하는 킹이나 퀸은 모두 실제 모델이 있다고 합니다. 다이아몬드 킹은 율리우스 카이사르, 다이아몬드 퀸은 『성경』에 절세 미녀로 나오는 야곱의 아내 라헬, 스페이드의 킹은 『성경』의 다윗, 스페이드 퀸은 그리스신화에 나오는 지혜의 여신 아테나, 하트 킹은 신성로마제국을 재건한 샤를마뉴, 하트 퀸은 『성경』에 나오는 유대 민족의 영웅 유디트, 클로버 킹은 알렉산드로스 대왕, 클로버 퀸은 엘리자베스 1세라고 합니다. 한편 조커를 뺀 플레잉 카드가 52장인 이유는 1년이 52주라는 데서 비롯되었고, 카드의 숫자를 모두 더하면 364가 되며 여기에 조커를 더하면 365가 되어 1년 365일을 뜻한다고 합니다.

## 에도 문화가 반영된 화투

한편 화투花鬪는 월별로 각각 4장씩 총 48장으로 구성되어 있습니다. 1월은 송학, 2월은 매조, 3월은 벚꽃, 4월은 흑싸리, 5월은 창포, 6월은 모란, 7월은 홍싸리, 8월은 공산空山, 9월은 국진菊樽, 10월은 단풍, 11월은 오동, 12월은 비雨입니다. 화투는 19세기 후반 쓰시마섬과 부산을 왕래하던 일본 상인들이 전한 하나후다花札에서 유래했다고 알려져 있지요. 하나후다는 16세기경 포르투갈 상인이 가져온 카르타carta(카드의 포르투갈어)에 기원에 두고 있습니다. 하나후다는 일찍부터 도박에 사용되어 에도 시대에는 자주 금지되었다고 합니다. 화투는 한국에 들어온 후 전통 오락이었던 투전을 대체하며 급속히 전파되었습니다.

타로 카드가 중세의 서양의 신분 계급을 반영하고 있듯이 화투 역시 에도 시대의 신분 계급과 밀접한 관계가 있습니다. 점수가 가장 높은 5개의 광光은 당시 봉건 영주를 나타냅니다. 동물이 그려진 7개의 열끗은 사무라이 계급을 나타내며, 10개의 다섯끗짜리 띠는 관리, 그리고 끗수가 없는 26개의 피皮는 평민을 나타냅니다. 광은 일본의 대표적 명절이 들어 있는 1월, 3월, 8월, 11월, 12월에 배치했고 열끗은 비雨를 제외하고는 모두 광이 없는 달에 배치했습니다. 이는 영주가 없는 지역은 사무라이가 통치한 당시의 관습을 반영한 것으로 보입니다. 사무라이를 관리보다 위에 배치한 것을 보면, 당시 일본은 일반 관리보다

화투는 1월부터 12월까지를 나타내며 각 달마다 4장의 카드로 구성되어 있습니다. 5개의 광은 영주, 7개의 열끗은 사무라이, 10개의 다섯끗은 관리, 26개의 피는 평민을 나타냅니다.

무사의 지위가 높았음을 짐작할 수 있지요.

　1월 송학은 설날부터 일주일간 대문 양쪽에 소나무를 꽂아놓고 학 그림을 걸어 무병장수를 기원하던 풍습을 반영한 것이고, 2월 매조에는 매화와 봄의 대표적 새로 알려진 꾀꼬리, 3월에는 일본의 국화인 벚꽃, 4월 흑싸리에는 등나무와 예의를 상징하는 비둘기가 들어 있습니다. 5월은 창포, 6월은 모란, 7월은 홍싸리와 자손 번영의 상징인 멧돼지, 8월은 추석을 나타내는 공산명월空山明月, 9월은 술에 국화를 넣어 무병장수를 기원하는 중양절 풍습을 국화와 술잔으로 표현했습니다. 10월에는 사냥철을 뜻하는 사슴과 단풍이 들어 있고, 11월의 오동과 봉황은 왕권을 상징합니다. 12월 수양버들과 비는 일본 헤이안 시대 서예가 오노 도후小野道風가 버드나무에 올라가려고 끝없이 뛰어

오르는 개구리를 보고 노력의 중요성을 깨달았다는 고사를 담았습니다.

원래 일본의 하나후다는 11월이 비고 12월이 오동입니다. 패의 테두리와 뒷면은 검은색이며 한국 화투의 4색도와는 달리 5색도로 되어 있습니다. 한국에 들여오면서 11월과 12월의 순서를 바꾸고 뒷면의 색을 빨간색으로 했으며 비광에 들어간 인물의 의상도 선비 복장으로 바꾸었습니다.

## 화투의 종주국은 한국일까?

그런데 일각에서는 일본에서 화투가 건너온 것이 아니라 화투가 한국의 병풍 그림이나 투전鬪牋에서 유래했다고 주장합니다. 우리의 전통 병풍은 화투처럼 12폭에 각각 동물과 초목 등 자연 풍경이 어우러진 그림을 담았습니다. 특히 해·산·소나무·달·학·사슴 등 십장생이나 화조도花鳥圖, 사군자도四君子圖 등은 해·학·소나무가 그려진 1월 송학, 2월 매조, 4월 흑싸리, 6월 모란과 나비, 10월 단풍과 사슴의 이미지와 비슷합니다.

투전은 인물·동물·새·물고기·벌레 등의 그림이나 글귀를 그려 넣은 길쭉한 종이 패를 뽑아 패의 끗수로 승부를 겨루는 놀이로, 구한말 화투가 들어오기 전까지 전국적으로 성행했던 대중오락입니다. 1946년 최남선崔南善이 쓴 『조선상식朝鮮常識』이라는 책에는 임진왜란 당시 명나라 군사들이 들여온 중국의 마조패馬祖牌가 투전의 기원이라고 하고, 『오주연문장전산고 五洲衍文長箋散稿』에는 투전이 원나라에서 기원했으며 숙종 때 역관 장현張炫이 이를 개량했다고 기록되어 있습니다.

구한말 조선을 방문한 미국 펜실베이니아대학의 스튜어트 컬린Stewart Culin 교수는 투전이 삼국시대부터 있었던 한국 고유의 놀이로, 서양의 카드가 투전에 뿌리를 두고 있다고 주장했습니다. 삼국시대부터 활용된 투전이 실크로드를 통해 서양에 알려진 뒤 카드로 발전했고, 이것이 포르투갈 상인에 의해 16세기 일본으로 전래되어 하나후다로 변형되어 역수입되었다는 것입니다. 화투花鬪라는 이름 자체가 투전과 하나후다를 결합해 만든 조어라는 주장도 있습니다.

# 정치인도

## 잘생겨야 한다

저는 한국에 사는 외국인 청년들이 토론을 벌이는 〈비정상회담〉이라는 프로그램를 즐겨봅니다. 2017년 6월 12일 방영된 153회 방송에서는 각국 정치 지도자의 외모가 화제에 올랐습니다. 미국의 한 온라인 매체가 선정한 전 세계 잘생긴 국가원수 순위에 따르면 문재인 대통령이 7위에 올랐다고 합니다. 10위 내에 든 지도자 중에서 1위에 오른 쥐스탱 트뤼도Justin Trudeau 캐나다 총리와 5위의 에마뉘엘 마크롱Emmanuel Macron 프랑스 대통령, 10위의 알렉시스 치프라스Alexis Tsipras 그리스 총리 정도가 우리에게도 알려져 있는 것 같습니다.

외국인 패널들은 문재인 대통령은 물론, 청와대 인사들도 훈훈한 외모로 화제가 되었다면서 문재인 정부가 출범한 이후

정치 지도자의 외모는 지지도와 국정 수행에 영향을 준다고 합니다. 사진은 정치 지도자의 외모에 대해 논한 jtbc〈비정상회담〉의 153화 장면입니다.

'외모 패권주의'라는 말이 회자되고 있다고 전했습니다. 한국 사람도 아니고 외국 청년들이 '외모 패권주의'라는 표현을 사용하는 것이 흥미로웠습니다. 대통령은 물론 조국 민정수석, 임종석 비서실장, 박형철 반부패비서관 등 외모가 준수한 이들이 요직에 발탁되면서 '청와대 F4'라고 부르는가 하면 '얼굴 탕평을 이루었다', '증세 없는 복지'라는 말까지 등장했습니다. 문재인 대통령과 청와대 참모진이 잘생겨서 이들을 보면 국민의 행복지수가 올라간다는 의미라고 합니다.

## 외모도 스펙일까?

사실 외모 지상주의는 정도의 차이가 있을 뿐 세계적인 현상이며 어제오늘 이야기가 아닙니다. 취업 포털 사이트 인크루트가 2017년 구직 경험자 552명을 대상으로 설문한 결과, 10명 중 9명이 '외모도 취업 스펙'이며, '외모 관리가 취업이나 사회생활에 긍정적인 영향을 미칠 것'이라고 생각하는 것으로 나타났습니다. '취업 성공을 목적으로 성형수술을 고려했던 경험이 있는지' 묻는 질문에 응답자의 51퍼센트가 '있다'고 답했습니다.

대니얼 해머메시Daniel Hamermesh 텍사스대학 교수와 제프 비들 Jeff Biddle 미시간대학 교수는 1994년『아메리칸 이코노믹 리뷰 American Economic Review』에 기고한 「미모와 노동시장」이라는 논문에서 외모에 5등급을 매긴 뒤 외모가 소득에 미치는 영향을 분석한 결과를 발표했습니다. 두 교수는 미국과 캐나다의 노동시장을 분석해 다른 조건이 같다면 외모가 평균 이상인 남성은 평균 외모의 남성에 비해 5퍼센트의 임금 프리미엄을 얻고, 외모가 평균 이하의 남성은 평균 외모의 남성에 비해 9퍼센트의 임금 페널티를 받는다고 했습니다. 여성의 외모로 인한 임금 프리미엄은 4퍼센트, 페널티는 5퍼센트였습니다.

해머메시 교수가 중국에서 같은 방법으로 조사한 결과, 중국에서는 외모에 따른 임금격차가 더 심했습니다. 상하이에서는 외모가 평균 이하인 남성에 대한 페널티는 25퍼센트, 외모가 평균 이상인 남성에 대한 프리미엄은 3퍼센트였습니다. 여성의 임금 페널티는 31퍼센트, 프리미엄은 10퍼센트였습니다.

## 자본의 4가지 종류

프랑스의 사회학자 피에르 부르디외Pierre Bourdieu는 자본에는 경제자본·사회자본·문화자본·상징자본 등 4가지가 있으며 사회적 계급은 이 4가지 자본에 의해 결정된다고 언급했습니다. 부르디외는 문화자본을 다시 3가지로 구분했습니다. 세련됨이나 교양을 의미하는 체화된 상태의 문화자본, 명화·하이파이 오디오 같은 객관적 상태의 문화자본, 유명 대학 학위 등 제도화된 상태의 문화자본입니다. 부르디외는 사회질서를 유지하고 지배 권력을 재생산하는 과정에 경제자본보다 문화자본이 중요한 역할을 수행한다고 보았습니다.

런던정책연구센터의 캐서린 하킴Catherine Hakim 박사는 『매력자본』에서 부르디외의 이론을 수용해 돈이나 부동산과 같은 경제자본, 문화 소양을 가리키는 문화자본, 인맥을 가리키는 사회자본에 이어 매력자본erotic capital을 제4의 자본으로 설명했습니다. 하킴 박사는 매력자본을 "타인이 자신에게 매력을 느끼게 하고, 호감을 얻어 더 많은 돈을 벌 수 있도록 하는 기술"로 정의하고 멋진 외모 같은 매력이 사회적 지위를 얻고, 돈을 버는 중요한 능력이라고 했습니다.

매력적인 사람은 다른 사람들을 쉽게 친구, 연인, 동료, 고객, 의뢰인, 팬, 추종자, 유권자, 지지자, 후원자로 만들어 사생활뿐만 아니라 정치나 비즈니스에서도 유리한 위치를 선점합니다. 하킴 박사는 매력자본은 개인의 사회적 성공에 영향을 미치는 아주 중요한 자본이지만, 그동안 학계가 무시함으로써 공급을 줄여 역설적으로 가치가 더 높아졌다고 지적합니다. 하킴 박사는 매력자본의 6가지 요소로 아름다운 외모beauty · 성적 매력 sexual attractiveness · 사교술social skill · 활력liveliness · 사회적 표현력 social presentation · 성적 능력sexuality을 꼽았습니다.

하킴 박사는 매력자본은 부모에게 물려받은 재산(경제자본)이나 교육(문화자본), 인맥(사회자본) 못지않게 소득과 승진에 영향을 준다고 주장합니다. 각종 연구 결과에 따르면 외모가 매력적인 사람이 취직할 확률은 보통 사람보다 10퍼센트 정도 높고 소득도 15퍼센트 정도 높다고 합니다. 하킴 박사에 따르면 관리자 3,000명을 대상으로 조사한 결과 응답자의 43퍼센트가 옷차림 때문에 직원을 승진이나 연봉 인상 대상에서 제외했으며 20퍼센트는 이런 이유 때문에 직원을 해고했다고 합니다. 영국 · 미국 · 아르헨티나에서 시행된 한 연구에 따르면 '외모 프리미엄'으로 15퍼센트까지 소득이 상승하는 것으로 나타났습니다. 또 보통 체중의 사람이 100만 원을 번다고 가정할 때 비만인 사람은 평균 86만 원을 번다는 연구 결과도 있습니다.

## 당신의 매력자본은 얼마입니까?

매력자본은 현대의 일상생활을 지배하는 권력이자 경제적 자본과 교환이 가능한 자원인데도 오랫동안 무시되어 왔습니다. 과거 매력자본을 가진 쪽은 대부분 여성이었기 때문입니다. 역사적으로 남성은 사회 활동을 하고, 여성은 외모를 가꾸어 능력 있는 남성을 만나는 것을 추구해왔습니다. 이 때문에 남성들은 미모나 성적 매력을 드러내 이용하는 여성은 지성이나 다른 '의미 있는' 사회적 자질이 부족하다고 여겨 가치를 부여하지 않았습니다. 그러나 전 세계적으로 여성 경제활동 인구가 늘어나고 사회 각 분야에서 여성의 의사 결정권이 강화되면서 남성도 매력자본을 돌아보아야 하는 시대가 되었습니다.

기술의 발달과 매체의 변화에 따라 매력자본의 중요성은 갈수록 커져가고 있습니다. 주류 매체가 라디오와 신문에서 텔레비전으로 바뀌면서 사람들은 시각적인 요소를 중시하게 되었습니다. 예컨대 텔레비전이 발명된 이후 선출된 미국 대통령은 대부분 외모가 훌륭합니다. 존 F. 케네디John F. Kennedy가 리처드 닉슨Richard Nixon을 꺾고 대통령이 된 가장 큰 이유도 텔레비전 토론에서 보여준 잘생긴 용모와 환한 미소, 젊은 패기였다고 합니다. 오바마 전 대통령이 미국 최초의 흑인 대통령으로 당선된 데에는 화려한 학벌과 뛰어난 연설 실력이 한몫했지만 큰 키에 호리호리한 몸매, 탁월한 패션 감각 등 매력자본도 큰 기여를 했습니다.

SNS의 발달도 매력자본의 중요성을 일깨우고 있습니다. 페이스북과 인스타그램 같은 SNS가 확산되면서 일반인도 세계적

오바마 전 대통령은 잘 생긴 외모와 탁월한 연설 실력, 친근한 태도와 유머 등 매력자본을 잘 활용한 정치 지도자로 꼽힙니다.

인 스타 못지않게 얼굴을 알릴 수 있게 되었습니다. 10년 전만해도 매력자본을 대놓고 활용하는 곳은 연예계와 프로 스포츠계 정도였으나, 이제는 누구나 매력자본을 활용해 유명해지고 사회적 지위를 얻거나 돈을 벌 수 있었습니다.

산업구조가 달라지면서 일반인에게도 매력자본이 중요해졌습니다. 서비스업은 다양한 사람을 상대하기 때문에 고용주는 고객에게 좋은 인상을 주는 매력적인 사람을 고용하려고 합니다. 대기업일수록 매력자본이 충분한 사람을 CEO로 뽑는다는 연구 결과도 있습니다. CEO의 외모가 곧 회사를 대표하는 이미지이기 때문입니다. 매력자본을 높이기 위한 투자는 성형 열풍이나 다이어트 · 피트니스 열풍으로도 나타나고 있습니다.

## 매력자본은 노력으로 만들어진다

매력적인 얼굴과 몸매가 매력자본의 주요 요소이기는 하지만, 하킴 박사가 말하는 매력은 단순히 잘생긴 외모만을 뜻하지 않습니다. 외모는 준수한데 호감을 주지 못하는 사람이 있는가 하면 평범한 용모인데 매력 있는 사람도 있습니다. 유머 감각이나 패션 감각, 세련된 태도, 활력, 긍정적인 에너지, 상대방을 편안하게 해주어 마음을 여는 기술 등 매력을 불러일으키는 요소는 다양합니다. 이러한 기술은 누구나 노력으로 얼마든지 키울 수 있습니다. 사업가들은 이런 기술을 익히려고 노력하고 아낌없이 돈을 쓰면서도 이를 매력자본이라고 정의하고 받아들이는 것을 꺼려하고 있습니다.

남성이 매력자본을 키우는 일은 상대적으로 쉽습니다. 여성은 대부분 화장을 하고 옷차림과 헤어스타일에 신경을 쓰지만, 남성들은 아직 그렇지 않기 때문에 약간의 노력만으로도 매력자본을 선점할 수 있습니다. 패션 감각을 익힌다든지, 운동으로 체형을 보정한다든지, 상대방의 말을 경청하고 공감한다든지, 좋은 매너를 익혀 활용한다든지 하는 약간의 변화만으로도 얼마든지 매력자본을 늘릴 수 있습니다.

국민들은 재킷을 벗은 대통령이 참모진과 청와대를 산책하며 커피를 마시고, 시민들과 함께 사진을 찍는 모습을 보며 감동합니다. 전임 대통령이 권위를 내세우고 국민과의 소통을 거부해

낯선 이의
눈에
비친 한국

왔기에 탈권위적인 대통령의 이미지가 더욱 돋보이는 것 같습니다.

선거 때 득표에 도움이 되는 정치 지도자의 외모가 집권 후에도 계속해서 매력자본으로 작동할지는 그의 진정성과 능력에 달려 있습니다. 시간이 흐르면서 멋지게 포장한 이미지가 빛을 바래 그들만의 잔치를 위한 국정 수행이었고 조삼모사식 정책이었음이 드러난다면 열광적 지지는 순식간에 실망과 분노로 바뀝니다. 납세자의 한 사람으로서 대통령과 참모진이 멋진 외모만큼 멋지게 국정을 수행해, '증세 없는 복지'가 임기 내내 이어지기를 기원합니다.

# 4.
# 축제,
# 일상 탈출의
# 전통

# 새해는 1월이 아니어도

## 신나는 법!

"까치 까치 설날은 어저께고요, 우리 우리 설날은 오늘이래요. 곱고 고운 댕기도 내가 드리고, 새로 사온 신발도 내가 신어요."

어릴 적 배운 동요처럼 새로 장만한 설빔을 입고 할아버지 댁을 방문해 친척들과 인사를 나누고 함께 맛있는 음식을 먹으며 세뱃돈까지 챙기던 새해 첫날은 어른이 된 지금도 행복한 추억으로 남아 있습니다. 그런데 새로운 한 해를 시작하는 날이 문화권마다 다르다는 사실을 알고 있나요?

## 저마다 다른 세계 각국의 1월 1일

미국과 유럽 등 태양력을 채택한 서구 나라들은 새해를 시작하는 날이 1월 1일로 동일하고 대개 하루만 쉽니다. 반면 중국을 비롯해 홍콩·마카오·타이완·싱가포르·베트남 등 중화 문화권에서는 춘제春節라고 부르는 음력 1월 1일이 최고의 명절입니다. 싱가포르의 2일에서 중국 3일, 베트남의 6일까지 법정 공휴일 기간은 공식적으로 일주일 이내지만 실제로 중국의 노동자들은 일주일에서 한 달까지 휴무를 보냅니다. 일부 중소기업은 아예 보름에서 한 달 동안 공장을 닫기도 합니다. 음력설 기간 동안 중국에서는 36억 명의 중국인이 고향을 찾는 민족 대이동이 일어납니다.

한국과 중국은 양력으로 새해를 맞은 뒤, 한 달 정도 지나 다시 음력으로 설을 쇠는데 비해 일본은 1월 1일 하루만 설을 쉽니다. 2월 초중순은 연중 최고 비수기라 일본을 제외한 동아시아 국가들은 음력설 특수로 경기를 진작시킵니다. 음력설을 쇠지 않는 일본은 밸런타인데이를 크게 지내는데, 일본 백화점과 제과 업계가 밸런타인 데이 풍습을 발명한 것은 일본이 음력설을 쇠지 않는 것과 관계가 있다고 하지요.

새해 첫날을 베트남에서는 테트, 티베트에서는 로싸르, 몽고에서는 '하얀색 달'이란 의미의 차강사르, 이슬람권에서는 '성스러운 이주'란 뜻의 헤지라, 이란에서는 '새로운 날'이란 의미

중국을 비롯한 중화 문화권에서 음력설인 춘제는 1년 중 가장 큰 명절입니다. 중국에서는 수억 명이 고향을 찾아 이동하는 '민족 대이동'이 일어납니다. 사진은 2016년 춘제 기간의 선전深圳 기차역 모습입니다.

의 노루즈, 이스라엘에서는 '한 해의 머리'를 뜻하는 로슈 하샤나라고 부릅니다. 우리는 새해 첫날은 당연히 1월 1일이고 한겨울에 맞는다고 여기지만 세계 각국의 새해 첫날은 1~3월과 9~10월에 걸쳐 있습니다.

2018년 동방정교회를 믿는 러시아의 새해 첫날은 1월 14일, 한국의 설과 중국의 춘제는 2월 16일, 몽골의 차강사르와 티베트의 로싸르는 2월 27일, 이슬람권의 혜지라는 9월 12일, 이스라엘의 로슈 하샤나는 9월 9일이었습니다. 페르시아제국에 속했던 이란을 비롯해 서아시아·중앙아시아 지역의 나라들이 쇠는 노루즈는 낮과 밤의 길이가 같은 춘분일, 3월 21일이었습니다.

축제,
일상 탈출의
전통

## 서기 622년 7월 16일부터 시작하는 이슬람력

연대年代도 나라와 지역에 따라 다릅니다. 2018년은 세계 표준 달력에 해당하는 그레고리우스력으로는 서기西紀 2018년이지만 이슬람력으로는 1441년, 불교에서 사용하는 불기佛紀로는 2562년, 1960년대까지 한국에서 사용했던 단기檀紀로는 4351년, 유대인들이 사용하는 유대력으로는 5779년입니다. 예수가 태어난 해를 기원으로, 기원전B.C., Before Christ과 기원후A.D., Anno Domini로 구분하게 된 것은 교황 보니파시오 2세Bonifatius II 때부터입니다. 보니파시오 2세는 530년 교황이 되면서 A.D.를 연호로 채택해 오늘날까지 이르게 되었습니다. 이슬람력은 무함마드가 메카에서 메디나로 이주한 서기 622년이 기원이고 단기는 단군 조선이 개국한 기원전 2333년, 불기는 석가모니가 열반에 든 기원전 543년, 유대력은 하느님이 인류를 창조한 기원전 3761년을 각각 기원으로 합니다.

왜 새해 첫날의 날짜와 연대가 이렇게 제각각일까요? 이유는 문화권마다 사용하는 달력이 다르기 때문입니다. 먼저 이슬람 문화권을 볼까요? 이슬람권에서는 무함마드가 박해를 피해 메카에서 메디나로 이주한 서기 622년 7월 16일을 이슬람력(히즈리력) 원년 1월 1일로 선포했습니다. 이슬람 국가들을 방문하면 박물관 등에서 'A.H.'나 'C.E.'라고 표기한 연도를 볼 수 있습니다. A.D.가 라틴어 안노 도미니(주님의 해)의 약자이듯

A.H.는 '헤지라의 해'라는 의미의 안노 헤지라Anno Hegirae의 약자입니다. A.H.가 그리스도교적 색채가 강하다고 해서 공원公元, Common Era의 약자인 C.E.로 표기하기도 합니다. 그래서 이슬람력으로 2019년은 A.H. 혹은 C.E. 1442년이 됩니다.

이슬람력은 초승달에서 다음 초승달까지 달의 운행만을 기준으로 만든 순태음력입니다. 1년 12개월 중에 여섯 달은 29일, 나머지 여섯 달은 30일로 1년은 354일이 됩니다. 윤달을 사용하지 않는 대신, 월령의 차를 조절하기 위해 1년에 하루를 늘리는 윤년을 30년에 11번 두었습니다. 1년의 길이가 태양력보다 11일이 짧기 때문에 날짜가 매년 11일씩 앞당겨집니다.

전 세계 인구의 23.4퍼센트인 약 16억 명의 이슬람 신자들에게는 이슬람력의 날짜와 계절이 맞지 않는 것이 오히려 다행인지도 모릅니다. 이슬람력으로 9번째 달인 라마단이 늘 같은 계절이라면 단식하기가 더욱 힘들 테니까요.

## 페르시아력과 노루즈

이슬람 국가라고 모두 히즈리력을 쓰는 것은 아닙니다. 이슬람권에서도 이란을 비롯해 페르시아 문화권에 속했던 서아시아와 중앙아시아에서는 기원전 500년경 다리우스 대왕이 이집트에서 도입한 페르시아력(이란력)을 사용합니다. 페르시아력으로는 낮과 밤의 길이가 같은 춘분, 즉 3월 21일이 설날입니다. 현지에서는 새로운 날이라는 뜻으로 노루즈라고 부릅니다.

이란은 물론 발칸반도의 알바니아와 마케도니아, 시아파 신자가 많은 아프가니스탄 서북부와 아제르바이잔, 고대부터 페르시아 영향권이었던 중앙아시아의 카자흐스탄·키르기스스탄·타지키스탄·투르크메니스탄에 이르는 지역에 사는 약 3억 명이 노루즈 축제를 치릅니다. 노루즈는 고대 페르시아제국의 종교였던 조로아스터교에서 기원한 신년 축제이자 봄맞이 축제입니다. 선한 봄이 악한 겨울을 물리치고 새로운 시대를 연다는 조로아스터교의 교리가 반영되어 있습니다. 나라에 따라 다르지만 이란의 5일부터 아제르바이잔의 7일까지 계속되는 노루즈 축제 기간 동안 사람들은 건강·풍요·사랑·소생·행복 등을 뜻하는 사과·콩 싹·푸딩 등의 음식과 상징물로 식탁을 꾸미는 하프트 신haft sin 상차림을 하고 촛불과 거울을 들고 집 주변을 돕니다. 노루즈는 2009년 유네스코의 세계무형유산 목록에 등재되었으며 2010년 유엔 총회는 3월 21일을 세대와 가족 간 화해·평화·연대를 강조하고 문화 다양성을 장려하며 서로 다른 문화권 사이의 이해와 우정을 도모하는 '국제 노루즈의 날'로 지정했습니다.

페르시아력은 태양력으로 1년 12개월 중 첫 여섯 달은 매달이 31일로 되어 있으며, 그다음의 다섯 달은 30일씩입니다. 마지막 달(서양력으로 치면 12월)은 29일인데, 윤년이 있는 해에는 하루가 늘어나 30일이 됩니다. 달력 날짜와 계절이 점점 어

페르시아 문화권에서는 노루즈라 부르는 설 명절을 지냅니다. 이때 차리는 상을 하프트 신이라고 합니다.

굿나는 것을 방지하기 위해 33년에 8일의 윤일閏日을 두었습니다. 페르시아력은 춘분을 시작점으로 삼는데, 춘분의 시점을 결정하는 방법이 수학적일 뿐 아니라, 이란 표준시 자오선에 대한 천문학적 계산이라 그레고리우스력보다 정확하다고 합니다. 페르시아력은 '히즈리 태양력The Solar Hijricalendar'의 첫 글자를 따서 'SH'라고 표기합니다. 이란에서는 페르시아력과 함께 그레고리우스력과 순태음력인 이슬람력까지 3개의 달력을 사용합니다.

축제,
일상 탈출의
전통

# 기원전 3761년부터 시작하는 유대력과 동아시아력

전 세계 1,400만 명의 유대인이 사용하는 유대력(히브루력)은 19년에 윤달이 7번 들어가는 메톤 주기법을 채택한 일종의 태음태양력입니다. 유대력은 하느님이 아담을 창조했다고 하는 기원전 3761년 10월 6일 11시 11분부터 시작합니다. 로슈 하샤나라고 불리는 새해 첫날은 추분을 지난 뒤 첫 달이 뜨는 날로, 유대력의 1월인 티슈리의 첫날이기도 합니다.

유대인들은 이날 덕담을 나누며 둥근 할라 빵에 꿀을 찍어 먹거나 꿀에 담근 사과·대추야자·사탕무 등을 먹는데, 달콤한 한 해가 되기를 기원하는 의미가 담겨 있습니다. 저녁에는 석류와 물고기 머리 요리, 포도주 등으로 만찬을 벌입니다. 석류는 꽉 찬 행복을 바라는 마음을, 물고기 머리는 앞으로 전진하라는 뜻을 담아 먹는다고 하지요. 죄를 씻어낸다는 의미로 강가나 호숫가를 걸으며 주머니를 털어내는 타쉴리크라는 새해 풍습도 있습니다.

유대인의 새해 명절은 로슈 하샤나, 욤 키푸르(속죄일), 수콧(초막절)으로 한 달 동안 이어집니다. 티슈리 10일인 욤 키푸르는 속죄와 정화의 날로 전날 저녁부터 당일 저녁까지 완전히 금식한 채 기도와 성찰의 시간을 보냅니다.

한국을 비롯한 많은 동아시아 국가에서 지금도 널리 쓰이는 음력 달력은 주나라 때부터 사용해온 태음태양력입니다. 이 달력은 유대력처럼 19년에 7번의 윤달을 두어 매년 모자라는 11일을 채움으로써 태음력을 태양력과 일치시킵니다. 음력설은 그레고리우스력으로 1월 21일에서 2월 20일 사이에 시작되며 10간干 12지支를 조합한 60간지로 해와 달과 날의 이름을 붙였습니다. 날수를 세기 위한 10천간天干과 열두 달을 세기 위한 12지는 한나라 때 확립되었다고 합니다. 몽골과 티베트는 인도력에서 기원한 태음태양력을 사용해 차강사르가 음력설과 대체로 일치하지만 어긋나는 때도 있습니다.

## 11일이 사라진 그레고리우스력

태양력은 지구가 태양을 공전하는 시간(약 365일)을 1년으로 하고 이것을 월과 일로 나눈 달력입니다. 고대 이집트인들은 나일강의 정기적인 홍수가 황도黃道상의 태양 위치와 관련 있다는 것을 발견하고 태양력을 창안했습니다. 율리우스 카이사르 Julius Caesar는 이집트 원정에 나섰다가 태양력의 우수성을 깨닫고 이를 로마에 도입했습니다. 그의 이름을 딴 율리우스력은 기원전 46년부터 16세기까지 1,500년 넘게 서방 세계에서 사용되었습니다. 율리우스력은 1년을 12개월, 365.25일로 정하고 0.25일을 4년간 모아서 4년마다 하루를 더한 윤년을 두었습니다. 하지만 실제 지구가 태양을 도는 데는 365.2422일이 걸립니다. 매해 11분 14초라는 차이는 16세기에 이르자 무려 10일

그레고리오 13세는 늦어진 부활절 날짜를 바로잡으려고 당시 3월 11이던 춘분을 A.D. 325년 니케아 공의회 때의 춘분 날짜인 3월 21일로 바꾸었습니다. 그 때문에 1582년 10월 4일 다음 날은 10월 15일이 되었습니다.

이라는 오차로 확대되기에 이릅니다.

　1572년 교황에 즉위한 그레고리오 13세Gregorius XIII는 그리스도교의 최대 축일인 부활절 날짜를 바로잡으려고 달력 개혁에 나섰습니다. 그는 1582년 10월 4일의 다음 날을 10월 15일로 정해 11일을 없애버렸습니다. 그리고 100으로 끝나는 해에는 윤달을 두지 않되 400으로 끝나는 해에는 윤달을 두어 오차를 줄였습니다. 현재 전 세계에서 가장 널리 사용되는 그레고리우스력은 이렇게 탄생했습니다. 하지만 그리스 · 러시아 · 세르비아 · 아르메니아 · 조지아 등 동방정교를 믿는 국가들은 그레고리우스력 이전에 사용했던 율리우스력을 채택하고 있습니다. 율리우스력은 현재 그레고리우스력보다 13일이 늦습니다.

　국가 간에 교류와 무역이 활발해지면서 문화권마다 다른 달력을 통일해야 할 필요성이 생겼습니다. 동아시아에서는 중국에서 발전한 태양태음력을 사용하다 19세기 후반 서양 문물과 함께 도입된 그레고리우스력을 사용하기 시작했습니다. 일본(1873년), 태국(1889년), 한국(1896년)에 이어 20세기 들어서는 중국(1912년), 구소련(1918년), 그리스(1924년)와 루마니아(1924년), 터키(1927년) 등이 잇따라 태양력을 채택했습니다.

　글로벌 비즈니스를 할 때 상대방의 전통 달력을 이해하고 새해 첫날이나 명절을 챙겨준다면 상대방은 분명히 감동을 받을 것입니다. 외국인이 우리 설이나 추석 인사를 건넨다면 얼마나 기쁘겠습니까? 글로벌 시대를 사는 지혜는 상대방에 대한 작은 관심에서 시작합니다.

# 세계의

## '빨간 날' 들

직장인이나 학생이나 새해 달력이 나오면 꼭 하는 일 중 하나가 빨간 날, 즉 공휴일 확인이 아닐까 싶습니다. 올해는 며칠이나 쉴 수 있는지 확인하며 휴가 계획을 미리 세워놓기도 하지요. 그런데 비즈니스맨이라면 한국의 공휴일뿐만 아니라 해외의 공휴일도 신경을 쓸 필요가 있겠지요? 해당 국가로 출장을 가거나 상품 납기일을 정할 때 공휴일을 알고 있으면 일하기 훨씬 수월할 테니까요. 전통문화에 바탕을 둔 공휴일과 풍습을 알면 해당 국가에 수출할 아이템을 구상하거나 고를 때도 도움이 됩니다.

## 프랑스 · 독일 · 영국의 공휴일

1월 6일이 무슨 날인지 아세요? 정답은 동방에서 3명의 왕이 구세주의 탄생을 알리는 별을 보고 베들레헴을 찾아와 아기 예수를 경배하고 선물을 바쳤다는 주현절主顯節입니다. 크리스마스부터 12일 뒤입니다. 가톨릭 전통이 남아 있는 오스트리아 · 이탈리아 · 독일 남부 · 스페인 · 포르투갈 등과 멕시코 · 볼리비아 등 중남미 국가들은 1월 6일을 공휴일로 지정하고 주현절 전날 밤 선물을 교환하며 동방 박사들이 예수를 방문해 탄생 소식을 세상에 알린 것을 경축합니다. 이탈리아 남부 지방에서는 주현절 전날 밤 베파나Befana라는 마녀 요정이 나타나 어린이들의 양말에 선물을 넣어준다고 합니다.

주현절을 기리는 국가에서는 동방 박사 일행으로 분장한 신도들이 집집마다 돌아다니며 어린이에게 선물을 나누어주는 풍습을 지금도 지켜오고 있지요. 사실 크리스마스 전날 밤에 산타클로스가 순록이 끄는 썰매를 타고 돌아다니며 착한 어린이에게 선물을 준다는 이야기는 19세기 미국에서 만들어진 것이고, 그 이전에는 아기 예수를 찾아와 황금 · 유향 · 몰약을 선물로 바쳤다는 동방 박사가 어린이에게 선물을 준다고 믿었습니다.

프랑스에서는 주현절이 공휴일이 아니지만 주현절과 관련된 재미난 풍습이 남아 있습니다. 새해가 되면 프랑스의 빵집과 슈

프랑스에서는 주현절에 갈레트 데 루와라는 파이를 나누어먹습니다. 파이 안에는 작은 도자기 인형이 들어 있는데, 이 인형을 뽑은 사람은 하루 동안 왕으로 대접해줍니다.

퍼마켓에서는 아몬드 크림과 버터로 만든, 보름달 모양의 갈레트 데 루와Galette des Rois라는 파이를 판매합니다. 갈레트 데 루와란 '왕들의 갈레트'란 뜻입니다. 주현절에 가족과 친지들이 모여 나누어 먹는데, 파이를 잘라서 나누었을 때 파이 조각 안에서 페브feve라고 불리는 작은 도자기 인형을 발견한 사람에게 종이 왕관을 씌워주고 하루 동안 왕으로 대접합니다.

저는 처음에 프랑스에 갔을 때 8월 15일이 한국처럼 공휴일이어서 신기했는데 알고 보니 성모승천일이라는 가톨릭 축일이었습니다. 가톨릭 신자가 인구의 70퍼센트에 달하는 나라답게 성모승천일 외에도 부활절(4월 20일 전후) · 예수승천일(5월 29일) · 성령강림절(6월 8일 전후) · 만성절(11월 1일) · 성탄절

(12월 25일)이 모두 공휴일입니다. 이런 공휴일은 학생들의 방학에도 영향을 미칩니다. 한국의 겨울방학과 달리 프랑스의 겨울방학은 2월 중순부터 3월 초까지 2주 남짓에 불과합니다. 그래서 처음 프랑스로 공부하러 갔던 때 방학이 짧아 몹시 당황했는데요, 다행히 한국에 없는 방학들이 있었습니다. 부활절 방학과 만성절 방학, 크리스마스 방학이 각각 2주 동안 있었던 것이지요. 흐뭇했습니다.

독일의 공휴일은 어떨까요? 역시 그리스도교 문화권인 독일도 부활절·예수승천일·성령강림절·성탄절 같은 그리스도교 축일을 연방 공휴일로 지정했습니다. 그런데 프랑스와 다른 점이 있습니다. 나머지 공휴일은 16개 주별로 날짜와 일수가 다른 것입니다. 예를 들어 가톨릭이 우세한 바이에른·바덴뷔르템베르크·헤센 등 독일 남부 주에서는 주현절·성모승천일·만성절 등을 공휴일로 지정한 반면 브란덴부르크·튀링겐 등 개신교가 우세한 북부 주에서는 마르틴 루터Martin Luther의 종교개혁일(10월 31일)을 공휴일로 지정했습니다.

영국은 어떨까요? 영국에는 뱅크 홀리데이bank holiday라는 독특한 공휴일이 있습니다. 말 그대로 은행이 쉬는 날인데요, 세계 금융의 중심지인 런던에 밀집한 은행들이 1800년대부터 한 해 몇 차례 날짜를 정해 휴점했던 데에서 유래했다고 합니다. 뱅크 홀리데이는 부활절 다음 월요일, 5월 첫 번째 월요일, 5월 마지막 월요일, 8월 마지막 월요일 등 모두 월요일이라 직장인들은 모처럼 연휴를 즐길 수 있습니다.

크리스마스 다음 날인 12월 26일도 박싱 데이boxing day라는 공휴일입니다. 봉건시대 영주들이 상자에 음식과 생활용품을 담아 농노들에게 선물하며 하루 휴가를 주었던 전통에서 유래한 것이지요. 현대에 와서는 백화점을 비롯한 상가들이 대규모 할인 행사를 벌여 크리스마스 재고품을 처분하는 날이 되었습니다. 이때 가족이나 친지는 물론 우체부, 청소부 등 공공서비스를 제공하는 사람에게도 선물한다고 합니다.

## 만성절 vs. 핼러윈

동북아시아 나라들의 달력에는 없는 만성절萬聖節은 그리스도교의 축일로, 모든 성인을 기념하는 날입니다. 유럽에서는 이날 부모와 조부모 등 작고한 가족과 선조의 무덤을 찾아가 꽃다발을 바치고 기도하며 그들을 기립니다. 가톨릭 전통이 강한 이탈리아 · 오스트리아 · 프랑스 · 스페인 · 포르투갈 · 폴란드 · 리투아니아 · 크로아티아 등에서는 만성절이 공휴일로 지정되어 있습니다.

11월 1일은 원래 목축에 의존하던 고대 유럽의 4대 제일祭日 중 하나이자, 새로운 해가 시작하는 날이었습니다. 고대 유럽에서는 새로운 해가 시작하기 전날 죽은 이들을 위해 제사를 지내는 풍습이 널리 행해졌습니다. 가톨릭 교회는 이런 이교 풍습을

멕시코의 망자의 날 축제 장식입니다. 화려한 색깔로 칠한 해골과 마리골드 등으로 제단을 꾸미고 조상을 기립니다.

수용해 9세기 초반 교황 그레고리오 4세Gregorius Ⅳ 때 11월 1일을 만성절로 정했습니다. 본래는 성인 중 축일이 없는 성인들을 추모하자는 취지였는데, 점차 세상을 떠난 그리스도교 신자들과 고인이 된 조상과 가족을 함께 추모하는 날로 의미가 확장된 것입니다.

만성절 풍습은 대서양을 건너 멕시코로 전해진 뒤 한국의 추석과 비슷한 망자의 날Día de Muertos 축제로 변형되었습니다. 멕시코에서는 화려하게 장식한 설탕 해골과 전통 술, 옥수수로 만든 '망자의 빵' 등을 조상에게 바치고 풍년을 기원한다고 합니다.

축제,
일상 탈출의
전통

멕시코의 망자의 날은 21세기에 국경일로 선포되었고, 2008년에는 유네스코의 세계무형유산에 등재되었습니다.

반면 미국에서 시작되어 세계적인 축제로 자리 잡은 핼러윈 halloween은 고대 켈트인들의 삼하인Samhain 축제가 기원이라고 하지요. 고대 켈트인들은 한 해의 마지막 날이 되면 죽은 이들의 영혼을 달래고 악령을 쫓으려고 음식을 마련해 제사를 지냈습니다. 고대 켈트인은 악령이 해를 끼칠까 두려워, 악령들이 그들과 같은 악령으로 착각하도록 기괴한 모습으로 분장했습니다. 이것이 핼러윈 가장假裝 문화로 발전했다고 하지요. 또 죽은 조상의 영혼이 집을 잘 찾아올 수 있도록 등불을 밝힌 것이 호박등Jack-o'Lantern의 기원이라고 합니다.

미국에서는 10월 31일이 되면 호박 속을 파내고 눈·코·입을 새긴 호박등을 만들어 창가를 장식하고, 거미줄·유령·마녀·빗자루 등 장식물로 집을 꾸밉니다. 학교에서는 학생들이 드라큘라·악마·괴물·해골 등의 가면과 복장으로 분장한 핼러윈 파티가 열리고 밤이 되면 어린이들이 무리지어 이웃집을 돌아다니면서 "과자를 주지 않으면 장난칠 테다trick or treat"를 외치며 사탕과 과자를 얻습니다.

원래 아일랜드를 비롯한 켈트족 축제였던 핼러윈은 1840년대 아일랜드 대기근으로 100만 명에 가까운 아일랜드인이 대거 미국으로 이주하면서 미국 전역으로 퍼져나가기 시작해 현재는 미국을 대표하는 축제로 자리 잡았습니다. 핼러윈 축제는 초콜릿과 제과 업체의 마케팅에 힘입어 1980년대 말부터 유럽으로 역수입되기에 이릅니다. 핼러윈 축제에 참여하는 청소년이 급속하게 늘어나면서 프랑스의 『르몽드Le Monde』는 2000년대 초 "상업주의를 업은 미국 '호박'들의 공습이 조용하고 경건한 만성절 분위기를 변질시키고 있다"고 비판하는 기사를 1면에 신기도 했습니다.

## 제1차 세계대전 종전 기념일

명칭은 조금씩 다르지만 영국·프랑스·벨기에·폴란드에서 중요한 국경일로 기념하는 특별한 날이 있습니다. 바로 11월 11일 제1차 세계대전 종전일입니다. 1914년 7월 오스트리아-헝가리제국의 세르비아 침공으로 발발한 제1차 세계대전은 민간인까지 합하면 무려 1,000만 명이 사망한 대규모 국제전이었습니다. 1918년 11월 11일 휴전협정이 체결됨으로써 전쟁은 끝났지만 전쟁의 여파로 오스트리아-헝가리제국, 독일제국, 러시아제국, 오스만제국이 무너지는 등 유럽 지도를 바꾸어놓았습니다.

승전국인 영국과 캐나다·호주·뉴질랜드 등에서는 11월 11일을 영령기념일remembrance day이라고 부르며 여왕과 총리가 참석하는 추모 행사가 성대하게 치러지고 사람들의 가슴에 양귀비꽃을 달아주는 행사가 펼쳐집니다. 종이로 만든 양귀비꽃

캐나다 오타와에 있는 무명용사의 무덤으로, 영령기념일에 양귀비꽃으로 장식한 모습입니다.

을 가슴에 달기 때문에 포피 데이poppy day라고도 합니다. 제1차 세계대전 당시 격전지를 찾은 캐나다 군의관 존 매크레이John McCrae가 전사자의 무덤에서 피어난 양귀비꽃을 보고 쓴 「플랜더스 들판에서In Flanders Fields」라는 시가 널리 퍼지면서 양귀비꽃이 전몰 용사의 상징이 되었다고 합니다.

또 다른 승전국인 프랑스에서는 이날을 종전기념일로 부르는데 공휴일로 지정해 파리를 비롯한 전국의 제1차 세계대전 참전 전몰 장병 기념비 앞에서 추모 행사가 열립니다. 한편 오스트리아-헝가리제국의 식민지였던 폴란드는 123년 동안의 삼국 분할 지배에서 벗어나 주권을 되찾은 것을 기념해 이날을 독립기념일로 기립니다.

축제,
일상 탈출의
전통

# 허용된 일탈,

## 카니발

매년 2월 중하순이 되면 유럽과 중남미에서 신나는 축제가 열립니다. 바로 카니발carnival입니다. 이 기간에 유럽을 여행하다 보면 어딜 가나 그 지방의 전통과 특색을 살린 카니발을 볼 수 있습니다. 저는 벨기에 뢰번Leuven에서 카니발을 우연히 접했습니다. 형형색색의 의상을 입고 독특한 캐릭터로 분장한 사람들이 수레를 타고 가장행렬을 하며 구경꾼에게 색종이와 사탕을 던져주었습니다. 누군가 제 뒷덜미에 종이 별을 한 주먹 집어넣어 온종일 그것을 털어내느라 힘들었던 기억이 있습니다.

사육제謝肉祭로 번역되는 카니발은 라틴어의 카르네 발레carne vale(고기와의 작별) 또는 카르넴 레바레carnem levare(고기를 먹지 않다)가 어원이라고 하지요. 로마제국이 그리스도교를 국교로 삼은 후 이전의 봄맞이 축제를 계승한 것으로, 사순절이 시작되기 전 마지막으로 고기와 기름진 음식을 실컷 먹고 일상에서 탈출을 즐기는 축제입니다.

가톨릭에서는 부활절 40일 전부터 사순절을 지냅니다. 예수가 40일 동안 황야에서 단식하며 수난을 당했던 것을 기리며 고기와 기름진 음식을 먹지 않고 결혼식 등 연회와 축하 행사를 자제합니다. 카니발은 열리는 도시마다 내용이 조금씩 다르지만 '참회의 일요일shrove sunday'부터 시작해 '마르디 그라mardi gras(기름진 화요일)'에 절정에 이릅니다. 다음 날인 재의 수요일 ash wednesday부터 사순절이 시작됩니다.

## 베네치아 카니발의 가면

가면으로 유명한 베네치아의 카니발은 1296년 공화국 의회가 공식 축제로 인정했다는 기록이 있을 정도로 오랜 역사를 자랑합니다. 르네상스 시대 군주들은 카니발 기간에 예술가들을 초청해 궁중에서 가면무도회를 여는 등 카니발을 아낌없이 지원했습니다. 18세기에 이르러서는 축제의 화려함과 장엄함이 절정에 달했으나 1798년 오스트리아제국이 베네치아를 점령하면서 쇠퇴하게 됩니다. 1930년 파시스트 정권이 금지했으나 1979년 시민 자치 위원회에서 부활했습니다.

베네치아 카니발은 소녀 12명이 전통 의상을 입고 행진하는

베네치아의 카니발은 가면과 화려한 의상으로 유명합니다. 카니발은 과거 신분제 사회에서는 민중의 분노를 잠재우는 일종의 안전밸브 역할을 했고, 지금은 관광자원으로 활용되고 있습니다.

마리아 축제로 시작해 산마르코 광장 종탑에서 바다까지 연결된 줄을 타고 내려오는 천사 강림, 가면 경연 대회를 거쳐 산마르코 광장의 가면무도회로 막을 내립니다. 카니발 기간 동안 베네치아의 좁은 골목길은 독특한 복장에 가면을 쓴 인파로 넘쳐흐르고 민속 오락과 곡예사의 묘기, 불꽃놀이가 펼쳐집니다.

　가면 착용이 허용되는 카니발은 신분의 격차가 존재하는 중세 사회에서 신분과 계층을 숨기고 평등하게 일탈을 즐길 수 있는 유일한 기회였습니다. 가면이 베네치아에 들어온 것은 1204년 베네치아 도제doge 엔리코 단돌로Enrico Dandolo가 십자군 원정을 갔다가 콘스탄티노폴리스에서 베일을 쓴 이슬람 여인을 데리고 온 데서 유래했다고 합니다. 이후 여장한 남자들이 수도원에 드나들거나 가면을 쓰고 범죄를 저지르는 등 가면 착용의 폐해가 심해지자 카니발 기간과 공식 연회를 제외한 시기에는 가면 착용이 금지되었습니다. 가면의 종류는 매우 다양하지만 나이 많은 베네치아의 상인 판탈로네pantalone와 눈만 가리는 여자 하인 콜롬비나colombina, 어리숙한 남자 하인 아를레치노arlecchino, 페스트 의사 가면 등이 대표적입니다.

## 1,000명의 질과 함께 하는 뱅슈 카니발

벨기에 뱅슈Binche의 카니발은 1549년 이 지역을 통치하던 헝가리의 마리Mary of Hungary 여왕이 카를 5세Karl V를 환영하는 축제를 일주일간 개최한 데서 유래합니다. 당시 축제에서 스페인이 신대륙을 발견하고 잉카제국을 지배하게 된 것을 기념해 잉카 복장을 모방한 타조 깃털 장식을 선보였는데, 화려함과 규모면에서 유럽 최고의 축제였다고 합니다. 카를 5세의 환영 축제에 봄을 맞이하는 축제와 가톨릭의 사육제가 결합해 만들어진 뱅슈 카니발은 전설 속의 인물을 재현한 '질Gille'의 존재가 단연 돋보입니다. 질은 검정·빨강·노랑에 사자 문양이 새겨진 옷을 입고 타조 깃털 장식에 초록색 안경과 콧수염이 그려진 가면을 쓰고 나막신을 신습니다. 그리고 한 손에는 오렌지 망을, 다른 손에는 나무 막대를 듭니다.

카니발 마지막 날 질로 분장한 1,000여 명의 시민은 악대의

벨기에를 상징하는 빨강·노랑·검정색의 옷을 입고 독특한 가면, 타조 깃털 장식을 단
질은 뱅슈 카니발의 상징과 같은 존재입니다.

음악에 맞추어 나막신 춤을 추며 가두 행진을 합니다. 이때 나
무 막대를 두드리며 겨우내 잠든 대지를 깨우고 땅속의 음산한
기운을 내쫓습니다. 질의 춤은 음력 정초에 풍물패를 앞세워 집
집마다 돌아다니며 발을 구르고 떠들썩하게 잔치를 벌여 마을
의 평안과 가정의 복을 기원하는 우리의 지신밟기 풍습을 연상
시킵니다. 질은 망에 든 오렌지를 꺼내 길가의 행인에게 던지는
데, 오렌지가 따뜻하고 밝은 봄을 상징하기 때문에 행인들은 서
로 오렌지를 맞으려고 합니다.

## 독일의 라인 카니발

반면 라인강을 따라 독일 남서부 지역에서 펼쳐지는 라인 카니발은 '여인들의 목요일'과 '장미의 월요일'이라는 독특한 전통이 있습니다. 여인들의 목요일이 되면 여성들은 다양한 캐릭터로 분장하고 대낮부터 마음껏 술을 마시며 거리에 떼를 지어 나와 남성들의 넥타이를 보는 대로 자른답니다. 평소에는 짓눌려 살던 여성들에게 일탈을 허용하는 것이지요. 넥타이를 잘린 사람에게는 사과하는 의미로 입을 맞추는 것이 허용됩니다. 그래서인지 여인들의 목요일에는 잘린 넥타이를 매고 자랑스럽게 돌아다니는 남성이 많답니다.

'카네이션의 토요일', '튤립의 일요일'을 거쳐 장미의 월요일 rosenmontag에는 마인츠 · 본 · 쾰른 · 뒤셀도르프 등 라인 강변의 도시마다 성대한 가장행렬이 벌어지는데 공휴일이 아닌데도 많은 회사와 상점이 문을 닫고 거리로 나와 가장행렬에 참여합니다. 100만 명 이상의 인파가 집결하는 쾰른의 카니발은 매년 11월 11일 오전 11시 개막하는데, 본격적인 행사는 재의 수요일 일주일 전부터 시작됩니다. 2013년에는 150개의 단체가 참여해 100만 명의 구경꾼에게 사탕과 캐러멜 150톤, 사각 초콜릿 70만 개, 프랄린 초콜릿 20만 상자, 장미꽃 30만 송이를 뿌렸다고 합니다.

## 니스 카니발

베네치아 카니발, 브라질 리우 카니발과 함께 세계 3대 카니발의 하나로 꼽히는 니스 카니발은 1294년 발루아 백작 샤를 Charles de Valois이 축제를 즐기려고 니스를 방문했다는 기록이 있을 정도로 유서 깊은 축제입니다. 시민들이 자체적으로 기념하다가 1873년 정식으로 카니발 위원회가 구성되어 매년 주제를 정하고 그에 맞추어 대형 조형물과 퍼레이드 디자인을 결정합니다. 그동안의 주제는 '웃음의 왕', '예술의 왕', '지중해의 왕', '미식의 왕' 등 다채로웠습니다. 2015년 주제는 '음악의 왕'으로 싸이의 대형 인형도 등장했답니다. 향수의 고장답게 수천 송이의 꽃으로 장식한 꽃마차들이 행진하며 꽃잎을 뿌리는 '꽃들의 전쟁'도 니스에서만 볼 수 있는 이벤트입니다.

## 러시아의 카니발, 마슬레니차

러시아정교를 믿는 러시아에서는 지푸라기로 만든 허수아비를 태우는 마슬레니차maslenitsa 축제가 열립니다. 마슬레니차 축제는 슬라브족의 전통 봄 축제와 러시아정교의 카니발 전통이 결합된 축제라고 할 수 있는데, 러시아정교는 율리우스력을 채택하고 있어, 그레고리우스력을 채택하고 있는 가톨릭의 카니발보다 며칠 늦습니다.

19세기 러시아 화가 아폴리나리 바스네초프Apollinary Vasnetsov가 그린 마슬레니차 축제의 모습입니다.

축제 첫날 '마슬레니차 아가씨'라고 부르는 지푸라기 인형을 만들어 세워두었다가 마지막 날 불태우는데, 여기서 나온 재를 눈 속에 묻거나 들판에 뿌리며 풍요로운 농사를 기원합니다. 러시아 사람들은 타오르는 불이 겨우내 꽁꽁 얼어붙은 대지와 쌓여 있던 눈을 녹일 뿐 아니라 지난겨울의 찌꺼기와 해결되지 않은 문제까지 태워 없애주기 때문에, 새로운 한 해를 본격적으로 시작하기 전 마슬레니차의 불로 몸과 마음을 정화해야 한다고 믿습니다.

마슬레니차 축제의 기원은 슬라브 전통에서 찾아볼 수 있는데요, 그리스도교가 전해지기 이전에는 인형이 아니라 사람을 불태우고 그 재를 들판에 뿌렸다고 합니다. 고대 켈트족의 드루이드교에도 이와 유사한 위커맨wicker man 풍습이 있었습니다. 그리스도교가 전해지면서 사람을 인형으로 대체했고, 의미도 인신 공양에서 고통과 죽음을 거친 부활을 기원하는 것으로 확장되었습니다.

## 영국의 팬케이크 데이

짧게는 사흘에서 길게는 40일까지 계속되는 카니발은 사순절이 시작되기 전날인 '기름진 화요일'에 절정에 이릅니다. 본격적인 금욕의 시기로 들어가기에 앞서 마지막으로 기름지고 영양가 높은 음식으로 포식하는 날입니다. 영국을 비롯해 캐나다·미국·호주·뉴질랜드 등 개신교를 믿는 영연방 국가들은 '기름진 화요일'을 팬케이크 데이pancake day라고 부르며 버터를 듬뿍 넣은 둥그런 황금빛 팬케이크를 만들어 먹습니다. 이는 태양의 온기와 빛, 힘을 얻어 겨울을 몰아내고 봄을 불러들인다는 고대 봄 축제의 전통과 관련 있습니다.

런던에서는 앞치마를 두르고 팬케이크가 올라간 프라이팬을 들고 달리는 팬케이크 경주가 벌어집니다. 이 행사는 1445년 한 여성이 시간 가는 줄 모르고 팬케이크를 굽다가 교회 종소리가 들리자 엉겁결에 프라이팬을 들고 교회까지 달려갔다는 이야기에서 유래했다고 합니다. 팬케이크 데이는 하루·동안 소규모로 즐기는 날이라는 점에서 대규모 퍼레이드와 가장행렬

마드리드에서는 사육제가 끝나면 정어리를 매장하는 축제가 열립니다. 고야의 〈정어리의 매장〉은 그 장면을 그렸다고 하는데, 프랑스 군대가 철수하는 것을 그렸다는 설도 있습니다.

을 앞세워 성대하게 치르는 가톨릭 국가들의 카니발과는 차이를 보입니다.

이날 러시아에서도 영국과 비슷하게 러시아식 팬케이크인 블리니blini를 구워 먹습니다. 스페인 화가 프란시스코 고야Francisco Goya의 작품 〈정어리의 매장El entierro de la sardina〉은 '기름진 화요일' 밤에 열리는 스페인의 독특한 카니발 풍습을 묘사하고 있습니다. 지금도 마드리드에서는 정어리 모형을 들고 행진하다 매장하는 행위를 재현합니다.

축제,
일상 탈출의
전통

## 중남미의 카니발

유럽의 카니발은 스페인과 포르투갈을 통해 중남미로 건너가 아프리카 문화나 인디오 문화와 결합해 독특한 축세가 되었습니다. 브라질 리우데자네이루의 카니발은 포르투갈에서 건너온 카니발 축제에 아프리카 노예들의 전통 타악기와 삼바가 결합된 것으로, 1930년대 삼바 학교들이 퍼레이드를 벌이면서 주목받기 시작했습니다.

우루과이 몬테비데오Montevideo 카니발은 매년 1월 중순에 시작해 '기름진 화요일'까지 40여 일 동안 계속되는 세계 최장의 카니발입니다. 가장행렬단, 유랑 악극단, 익살극단, 시사 풍자극단 등 다양한 공연단이 참여하는 야마다스las llamadas 거리 행진이 유명합니다.

볼리비아의 오루로Oruro는 해발 3,700미터의 안데스 산지에 있는 도시로, 토착 신을 경배하는 제전이 열리던 신성한 장소가 있습니다. 스페인 지배 후에는 전통춤 라마라마lama lama와 디아블라다diablada가 카니발의 일부로 편입되었습니다. 매년 2만 5,000명이 넘는 댄서와 1만여 명의 음악가가 20여 시간 동안 춤을 추며 산길 4킬로미터를 행진합니다.

## 사회의 안전판에서 관광 상품으로

지그문트 프로이트Sigmund Freud는 성性과 사회적 역할의 전복이 이루어진다는 점에서 축제를 '허락된 일탈'이라고 표현했습니다. 특히 가면 축제는 정체를 숨기고 평소에 하지 못하는 옷차림과 행동을 거리낌 없이 할 수 있다는 즐거움을 줍니다. 참여자들은 가면이 내포하고 있는 탈정체성과 과장성, 신분·성별·사회적 지위의 전복을 통해 일상에서의 탈출과 풍자를 즐겨왔습니다.

귀족과 평민, 지배계급과 피지배계급이 명확하게 분리되었던 중세 유럽에서 카니발은 평소에 쌓였던 민중의 불만을 해소해주는 장치였습니다. 카니발 기간 동안 가면을 쓰고 변장을 함으로써 평민들은 잠시 신분 질서에서 벗어나 심리적 해방감을 누릴 수 있었습니다. 카니발이 엄격한 신분 사회의 긴장을 잠시 해소함으로써 법과 질서가 위협받는 것을 방지해주는 안전밸브 역할을 한 것입니다. 그래서 왕과 귀족들을 카니발을 장려하고 지원했습니다. 종교와 신분 질서의 억압에서 벗어나 오감으로 쾌락을 누리고 일상에서는 허용되지 않는 에고와 열정을 분출함으로써 삶의 활력을 주었던 카니발은 관광산업을 발전시키고 지방의 재정수입을 늘려주는 효자 관광 상품이 되어 21세기에도 여전히 사랑받고 있습니다.

# 액운을 태우고

## 풍요를 빌다

고대부터 인류는 축제를 열어 액운을 없애고 풍요와 건강을 기원해왔습니다. 불태우는 의식으로 묵은 일상을 태우고, 새로운 시작을 준비하는 것이지요. 우리나라에도 달집태우기나 쥐불놀이 같은 전통이 있습니다. 해마다 정월 대보름이면 헌옷과 연, 지난해 사용한 부적 등을 달집에 넣고 불태웁니다. 달집 주위를 돌면서 액운이 사라지고, 풍년이 들기를 기원했습니다. 세계의 '태우는' 축제들은 외형적 차이는 있지만 불을 피워 주변 환경과 자신을 정화하고 마음가짐을 새롭게 해서 풍요로운 한 해를 기원한다는 공통점이 있습니다. 지금부터 불과 관련된 세계의 축제를 살펴보겠습니다.

## 스페인의 파야스 축제

스페인의 파야스las fallas는 매년 3월 15일부터 19일까지 발렌시아에서 열리는 전통적인 봄맞이 축제로, 세계 3대 축제 중 하나로 꼽힙니다. 축제 기간 동안 거대한 나무 인형 파야falla를 중심으로 합주단과 전통 악대가 거리를 행진하고, 군중은 전통 음식을 나누어 먹거나 수호성인에게 꽃을 바칩니다. 저녁부터는 폭죽놀이와 불꽃놀이를 즐깁니다. 해마다 지역 주민과 관광객의 참여를 권장하려고 축제 홍보를 담당할 '파야스 퀸'을 선발하는 대회도 열립니다. 하지만 축제의 하이라이트는 뭐니 뭐니 해도 축제 마지막 날 밤 광장에 세워진 수백 개의 파야를 모두 불태우는 크레마cremà 행사입니다.

파야스(파야의 복수형)라는 이름이 말해주듯 이 축제의 주인공은 화려한 색으로 칠한 집채만 한 나무 인형 파야입니다. 파야 인형은 미국 대통령부터 연예인, 민담이나 만화 캐릭터까지 다양합니다. 대개 사회 이슈를 담은 풍자적인 성격을 띠고 있습니다. 하나의 파야 인형은 여러 개의 니노트ninot(작은 인형)로 이루어져 있는데 높이 10~30미터, 무게가 7~10톤이나 되는 파야 인형을 하나 만드는 데는 화가 · 조각가 · 목수 등 장인들과 수개월의 시간이 걸립니다. 비용도 많이 들어, 많게는 10만 유로 내외의 제작비가 든다고 합니다. 그런데 이렇게 엄청난 비용을 들여 만든 파야는 결국 축제 마지막 날인 성 요셉 축일 저녁

2018년 발렌시아 시청 광장 앞에 세워진 파야스입니다. 여러 장인이 수만 유로의 거금을 들여 만든 파야스는 성 요셉 축일에 불태워집니다.

에 열리는 크레마 행사 때 불태워져 재로 변합니다. 이들은 왜 파야를 불태우는 것일까요?

파야스 축제는 발렌시아의 목수들이 겨우내 묵은 쓰레기와 램프를 받치던 나무 기둥을 불태우던 풍습에 기원을 두고 있습니다. 목수들은 해가 빨리 지는 겨울에 나무 기둥 위에 램프와 양초를 밝혀두고 일을 했는데요, 해가 길어지는 봄이 되면 더는 필요하지 않게 된 나무 기둥을 길에 내놓고 불태웠습니다. 목수들은 자신의 수호성인인 성 요셉에게 새로운 봄을 활기차게 시작할 수 있게 해달라고 기도했습니다. 활활 타오르는 불꽃과 함께 묵은 겨울을 태워버리고 봄을 맞이하는 전통 의식이 오늘날 불꽃 축제로 이어진 것으로 보입니다.

파야와 니노트를 불태우는 의식이 내포하고 있는 문화적 의미는 일종의 정화, 봄맞이 청소, 사회적 재생이라고 할 수 있습니다. 파야스 축제는 봄의 시작과 함께 공동체가 정화되고 새로워지는 것을 상징합니다. 발렌시아는 물론 아르헨티나 등 발렌시아인들이 이주한 지역에서는 파야스 축제로 발렌시아어, 전통 의상, 머리 장식, 행진 기술, 꽃 장식, 파야 제작 기술 등을 보존하면서 문화적 정체성을 보존하고 결속력을 강화합니다.

## 스위스의 젝세로이텐 축제

그런가 하면 거대한 눈사람을 태우면서 봄을 맞이하는 축제도 있습니다. 매년 4월 셋째 주 월요일에 열리는 스위스 취리히의 젝세로이텐Sechseläuten 축제입니다. 젝세로이텐은 '6시의 종소리'란 뜻의 독일어입니다. 16세기 취리히에서는 해마다 춘분(3월 21일) 후 첫 월요일이 되면 저녁 6시에 종을 쳐서 춥고 힘들었던 겨울이 가고 봄이 시작되었음을 알렸다고 합니다. 취리히 시의회는 노동자의 노동시간을 동절기는 오후 5시까지, 하절기는 오후 6시까지로 규정했습니다. 겨울철에는 일이 끝날

즈음 해가 져서 자연스럽게 노동시간이 끝났음을 알 수 있었지만, 해가 긴 여름철에는 일이 끝나는 시간을 알려주어야 했습니다. 노동자들에게 6시를 알려주기 위해 시의회는 춘분 후 첫 월요일을 하절기의 시작으로 보고 그로스뮌스터Grossmünster에 있는 종을 울렸습니다. 바뀐 노동시간을 알려주던 것이 오늘날 축제로 발전한 것입니다. 4월 세 번째 월요일로 정착된 것은 1952년부터라고 합니다.

젝세로이텐 축제는 전날 각양각색의 전통 의상을 입은 수천 명의 어린이들과 25개 길드 조직원 행렬이 취주악단의 연주에 맞추어 거리 행진을 하면서 시작됩니다. 다음 날인 월요일은 중세풍 옷을 입은 취리히 시민들과 500필의 말, 30여 개의 악대가 거리를 활보하는 행진이 펼쳐집니다. 행렬은 젝세로이텐 광장의 오페라하우스에서 끝납니다. 광장 한가운데는 10미터 높이로 쌓아올린 장작더미 위에 3~4미터 높이의 장대가 서 있고, 그 위에는 폭죽과 솜으로 만든 눈사람 인형 뵈크bööggs가 매달려 있습니다.

오후 6시, 종소리와 함께 말에 탄 길드 회원들이 장작더미에 불을 붙이면서 축제는 절정에 달합니다. 불이 옮겨 붙어 뵈크의 머리에 설치한 백여 개의 폭죽이 터지기 시작하면 길드 회원들은 불타는 장작더미 주변을 빠르게 질주합니다. 솜과 짚으로 만든 뵈크가 빨리 폭발할수록 봄이 빨리 찾아와 수확이 커진다고 믿었기 때문입니다.

뵈크 머리에는 폭죽이 설치되어 있습니다. 폭죽이 빨리 터질수록 봄이 빨리 찾아온다고
합니다.

　취리히 시민들은 뵈크가 폭발하는 데 걸리는 시간으로 그해
여름 날씨를 점칩니다. 뵈크가 6분 이내에 폭발하면 해가 쨍쨍
할 것이고, 폭발에 15분 이상 걸리면 여름이 한겨울만큼 추울
것이라고 예상합니다. 실제로 뵈크가 5분 42초 만에 폭발했던
2003년에는 여름 내내 화창한 날씨가 지속되었다고 합니다.
공식 행사가 끝나고 나면 장작더미 주변은 파티장으로 변모합
니다. 타다 남은 장작더미에 불을 붙이고 소시지를 구워 사람들
과 나누어 먹는 '뵈크 뒤풀이'가 진행되기 때문입니다.

축제,
일상 탈출의
전통

## 버닝맨 축제와 위커맨

매년 8월 말 미국 네바다주의 블랙록Black rock 사막에서 일주일 동안 펼쳐지는 버닝맨burning man 축제는 버닝맨이라 불리는 거대한 나무 인형과 참가자들이 제작한 창작물을 불태우는 축제입니다. 실리콘밸리의 벤처기업 근무자들과 예술가들이 팀을 꾸려 텅 빈 사막에 '블랙록 시티'라는 임시 마을을 건설하고 다양한 예술 작품을 만들었다가 마지막 날 모두 불태워버립니다.

1986년 전위예술가와 히피 몇 명이 하짓날 샌프란시스코 해변에 모여 대형 나무 인형을 만들어 불태운 데서 유래한 버닝맨 축제는 불과 30년 만에 세계 각국에서 7만 명이 모이는 대규모 축제로 성장했습니다. 구글 창업자인 래리 페이지Larry Page와 세르게이 브린Sergey Brin은 버닝맨 축제의 단골로 유명합니다. 페이지와 브린은 공유 · 개방 · 창조 · 자율이라는 버닝맨 축제의 정신을 구글의 비전에 담았습니다. 각종 기념일마다 로고 디자인을 바꾸는 구글의 두들doodle도 두 사람이 1998년 버닝맨 축제 참여 사실을 알리기 위해 구글 로고를 바꾼 데서 시작되었죠.

버닝맨은 고대 켈트족이 믿던 원시종교인 드루이드교 사제들이 고리버들 가지를 엮은 거대한 허수아비 안에 사람과 짐승을 가두고 불에 태워 제의를 올렸다는 위커맨 의식을 연상하게 합니다. 카이사르의 『갈리아 전기Commentarii de Bello Gallico』에 따르면 켈트족 사제들은 언덕 위에 위커맨을 세우고 인신 공양을 했다고 합니다. 그러나 위커맨 의식의 고고학적 증거는 발견된 적이 없기 때문에 로마의 악의적인 선전이라고 보는 학자가 많습니다.

## 영국의 가이 포크스 데이

켈트인들은 한 해의 마지막 날 죽은 이들의 영혼이 집으로 찾아올 수 있도록 모닥불을 피우는 성대한 축제를 벌였는데, 이 흔적이 영국의 가이 포크스 데이(11월5일)의 불꽃놀이 풍습에 남아 있습니다. 가이 포크스Guy Fawkes는 가톨릭 혁명 단체 단원들과 함께 1605년 반反가톨릭 정책을 폈던 제임스 1세James I를 국회의사당에서 폭약을 터뜨려 암살하려다 미수에 그쳐 처형된 인물입니다. 그는 국회의사당 옆에 있는 웨스트민스터 사원 지하실을 빌려 화약을 가득 채웠습니다. 이를 터뜨려 국왕과 국회의원들을 암살하려 했는데, 주동자 중 밀고자가 발생해 사전에 발각되고 말았습니다.

영국 의회는 이를 계기로 다음 해인 1606년, 11월 5일을 공식적인 감사절로 지정했는데, 이것이 일주일 동안 폭죽을 쏘고 불꽃놀이를 벌이는 일종의 축제로 이어져오고 있습니다. 가이 포크스 데이는 2005년 개봉한 영화 〈브이 포 벤데타V for Vendetta〉를 통해 세계적으로 알려졌습니다.

축제,
일상 탈출의
전통

# 버닝맨 축제, 실리콘밸리,

## 히피 문화

　　매년 8월 마지막 주 월요일부터 노동절 휴일인 9월 첫 주 월요일까지 일주일 동안 실리콘밸리에서 자동차로 8~9시간 걸리는 네바다주의 블랙록 사막에서는 섭씨 37~38도의 폭염 속에 블랙록 시티라는 작은 도시가 만들어졌다가 홀연히 사라지는 일이 되풀이됩니다. 매년 도시가 생겨났다가 사라지는 이유는 아무것도 없는 텅 빈 사막 한가운데서 환상적인 축제가 벌어지기 때문입니다. 이 축제에서 정해진 행사는 단 하나, 마지막 날 밤 축제 기간 동안 만든 모든 것을 불태워버리는 버닝 맨 이벤트입니다. 나머지는 전부 참가자들의 자발적인 참여와 즉흥적인 퍼포먼스로 이루어집니다.

## 버닝맨 축제와 블랙록 시티

창조·개방·공유·자율을 4대 원칙으로 하는 버닝맨 축제는 편견 없이 서로를 받아들이는 사회를 만들자는 의미에서 1989년 시작되었습니다. 참가자들은 블랙록 사막의 말라붙은 리노 호수 바닥에 세워진 높이 15미터의 거대한 나무 인형을 중심으로 창의력 넘치는 텐트와 임시 주거지를 세웁니다. 그리고 기괴한 복장과 탈것을 과시하며 요란한 음악을 틀어놓고 춤을 추고 퍼포먼스를 벌이며 다양한 예술 활동을 펼칩니다. 이런 버닝맨 축제의 모습은 영화 〈매드맥스Mad Max〉의 종말론적인 풍경을 떠올리게 합니다.

참가자들은 전위적인 예술가와 뮤지션, 실리콘밸리의 엔지니어는 물론 슈퍼 리치까지 다양합니다. 이들은 문명에서 탈피해 공동생활을 하며 취향이 비슷한 사람을 만나 교류하고 파티를 하며 일주일 정도를 보냅니다. 그동안 자유롭게 퍼포먼스를 벌이고 기술과 예술이 결합된 설치물을 제작합니다. 버닝맨 축제는 준비된 행사를 관람하는 것이 아니라 참가자 모두가 자발적으로 참여해 만들어가는 예술 축제입니다.

버닝맨 축제는 '자율'과 '공유'로 운영됩니다. 상업성을 철저하게 배제해 상업 시설이 없고 스폰서의 도움도 일절 받지 않습니다. 주최 측은 사막의 모래땅과 화장실, 의료 서비스 정도만 제공할 뿐입니다. 참가자는 마실 물과 음식, 잠자리, 작열하

축제,
일상 탈출의
전통

공중에서 바라본 2010년 버닝맨 축제 현장.

는 태양을 피할 쉼터, 조형물 제작에 필요한 연장과 재료 등 모든 것을 스스로 조달해야 합니다. 화폐의 사용이 금지되기에 필요한 물건이 있으면 물물교환으로 구합니다.

그런데도 뜻이 맞는 사람들끼리의 협업으로 몇 개의 신문사와 수십 개의 인터넷 방송국, 수백 개의 테마 캠프가 즉석에서 만들어집니다. 각종 마약이 돌아다니고 숙소도 개방되어 있어 무질서한 것처럼 보이지만 자체적으로 자경단을 조직해 질서와 안전을 지킵니다.

참가자들은 조직 위원회가 정한 그 해의 주제를 창조적인 조형물과 퍼포먼스로 표현합니다. 누구도 간섭이나 지적을 받지 않고 혼자서, 혹은 팀을 이루어서 자신의 특기를 마음껏 발휘

버닝맨 참가자들과 그들이 만든 조형물.

합니다. 그래서 버닝맨 축제에서는 거대하고 놀라운 조형물들을 원 없이 감상할 수 있습니다. 2015년의 주제는 '거울들의 카니발', 2016년은 '다빈치의 워크샵', 2017년은 '근본적 의식', 2018년은 '나, 로봇'이었습니다.

　버닝맨 축제의 하이라이트이자 유일한 이벤트는 마지막 날 밤에 열리는 불태우기 행사입니다. 참가자들은 버닝맨의 상징인 커다란 사람 모양의 구조물과 함께 일주일 동안 공들여 만든 설치물을 불태우며 캠프파이어를 즐긴 뒤 뿔뿔이 흩어집니다. 버닝맨이라는 이름도 그래서 붙여졌습니다. 수천 달러의 돈과 수많은 사람의 땀과 시간을 쏟아부어 만든 작품이 모두 불에 타 허공으로 사라집니다. 버닝맨 축제의 '흔적을 남기지 않

축제,
일상 탈출의
전통

버닝맨을 불태우는 마지막 날의 캠프파이어는 버닝맨 축제의 하이라이트입니다.

는다'는 원칙 때문입니다. 블랙록은 사막이기 때문에 축제가 끝나면 모든 쓰레기를 불태워 없애야 하는데 예술 작품도 예외가 아닙니다.

### 버닝맨 축제의 정신: 창조 · 개방 · 공유 · 자율

그러나 낯선 이들과 상상만 해온 새로운 세상을 만들어본 기억과 이 축제를 통해 맺어진 네트워크는 계속 발전해나갑니다.

그래서 『뉴욕타임스The New York Times』는 "사람들은 버닝맨 축제에서 '작품'을 만드는 것이 아니라 '경험'을 만든다"고 평하기도 했습니다.

버닝맨 축제는 1986년 정원사이자 전위예술가 래리 하비Larry Harvey가 하지를 기념해 샌프란시스코의 베이커 해변에서 히피들과 함께 2.4미터 높이의 나무 인형을 만들어 불태우는 캠프파이어를 벌인 데서 시작했습니다. 경찰의 간섭이 잦아지자 1989년부터 장소를 지금의 네바다 사막으로 옮겼습니다. 행사가 확대되자 하비는 버닝맨 축제를 기획하는 '버닝맨 프로젝트'라는 비영리 재단을 설립했습니다. 그는 이사회 의장 겸 수석철학담당자CPO로서 누구나 환영하기, 창조적 협동과 협업, 조건 없는 선물 주기, 자립, 거침없는 자기표현, 책임감, 참여, 즉시성 등 버닝맨 축제의 10대 원칙을 확립했습니다. 버닝맨 프로젝트는 2013년 70명의 직원과 3,000만 달러의 예산을 가진 대규모 단체로 성장했지만 2018년 70세의 나이로 사망한 하비는 "버닝맨은 우리의 정체성을 말해주는 ID일뿐 시장의 상표로 쓰지 않겠다"며 버닝맨을 특허 상표로 등록하는 대신 공유 도메인으로 남겨두었습니다.

버닝맨 축제는 구글의 창업자인 페이지와 브린, 테슬라 창업자 일론 머스크Elon Musk 등 실리콘밸리 출신의 스타 CEO들이 전용기와 트레일러를 끌고 참가하는 유명 행사로 자리 잡았습니다. 나무 인형을 태우는 소규모 축제가 30여 년 만에 매년 7만 명 이상이 참여하는 유명 행사로 발전하게 된 것은 시작부터 일관되게 외치고 있는 창조·개방·공유·자율의 정신 때문입니다. 버닝맨 축제는 물질에서의 자유, 표현의 자유, 창의력(생각)의 확장, 각성awakening 등을 중요한 가치로 삼고 있습니다. 수백 달러에서 수천 달러를 들여 만든 공동 작품과 구조물을 남김없이 불태우는 캠프파이어에 참여하면서 파괴를 통해 창조한다는 전복적 민중 문화, 공유 기반의 공동 생산, 제품이 아닌 경험의 창조라는 정신을 공유합니다. 이 정신은 구글을 비롯한 실리콘밸리 기업들의 미션과 비전에 핵심적인 동기와 직관을 제시했습니다. 개방·창조·공유·혁신이라는 실리콘밸리의 문화가 버닝맨 정신에 근거를 두고 있으며, 실리콘밸리를 이끌어가는 문화적 에너지가 버닝맨 축제에서 공급된다고 해도 과언이 아닙니다.

## 구글의 기업 문화, 버닝맨

구글의 창립자 페이지와 브린은 구글 창립 이전부터 열렬한 버닝맨 참가자였고, 에릭 슈밋Eric Schmidt을 CEO로 영입한 데도 버닝맨 참가 경력이 큰 역할을 한 것으로 알려져 있습니다. 스탠퍼드대학 컴퓨터공학과의 동갑내기 대학원생이던 브린과 페이지는 기존의 인터넷 검색이 너무 느리고 검색된 정보도 유용하지 않다는 사실에 공감하고 새로운 검색엔진을 개발하기로 합니다. 두 사람은 24세 때인 1997년 인바운드 링크의 숫자에 따라 자동으로 순위를 매기는 '페이지 랭크Page rank'라는 알고리즘을 개발합니다. 중요한 논문일수록 인용 횟수가 많은 논문 인용 방식을 인터넷 검색에 결합한 것입니다. 그렇게 해서 사용자가 원하는 내용과 가장 가까운 결과부터 보여주는 검색엔진을 고안해냈습니다. 스탠퍼드대학 네트워크로 시험한 검색 서비스 결과는 대성공이었습니다. 처음 두 사람은 새로운 검색엔진을 야후나 알타비스타에 팔려고 했습니다. 하지만 모두 거절하자 실리콘밸리에 있는 친구의 창고를 빌려 다음 해인 1998년 구글을 설립합니다.

구글은 30억 개가 넘는 웹사이트에 접속해 중요도 순서로 검색 결과를 제공하는 놀라운 성능으로 2년 만에 야후를 제치고 세계 최고의 검색엔진으로 등극했습니다. 2005년 모바일 운영체제 안드로이드, 2006년 동영상 공유 사이트 유튜브, 2007년 온라인 마케팅 회사 더블클릭, 2009년 모바일 광고 회사 애드몹을 차례로 인수하고 2011년에는 모토로라를 125억 달러(약 13조 5,000억 원)에 사들이는 등 120여 개 기업을 인수했습니다.

창업 20주년을 맞은 구글은 2018년 세계 검색 시장의 90퍼센트 이상을 점유한 검색엔진의 절대 강자이자 월 사용자가 12억 명이 넘는 모바일 플랫폼 기반의 초대형 IT 기업으로 성장했습니다. 2015년 모기업 알파벳을 출범시킨 후에는 자율 주행 회사 웨이모Waymo, 인공지능 개발 회사 딥마인드Deep Mind, 건강 데이터 회사 베릴리Verilly, 사물 인터넷 기기 회사 네스트Nest, 인간 수명을 연구하는 칼리코Calico 등을 차례로 인수했습니다. 구글은 인공지능을 이용한 구글 포토와 음성인식 서비스인 구글 어시스턴트, 가상 항법 서비스를 탑재한 구글 지도 등을 잇따라 내놓으며 '모바일 우선'에서 '인공지능 우선'으로 방향을 바꾸더니 2018년 5월에는 '모두를 위한 AI(AI for everyone)'를 선포했습니다.

회사 이름인 구글에서 유래한 '구글링googling'은 '검색하다'는 의미의 일반 동사로 웹스터 사전에 등재되었습니다. 사실 구글이라는 회사 이름은 10의 100제곱을 뜻하는 '구골Googol'을 잘못 표기한 데서 유래했습니다.

구글은 '악해지지 않고도 돈을 벌 수 있다', '정장 없이도 진지해질 수 있다', '일은 도전이어야 하고 도전은 재미있어야 한다'는 기발한 사훈이 말해주듯 독특한 기업 문화로도 유명합니다. 미국 캘리포니아주 마운틴뷰Mountain View에 자리 잡은 구글 본사는 구글 플렉스 또는 구글 캠퍼스로 불리는데, 유명 요리사가 만든 음식을 무료로 제공하는 카페테리아에 수영장·배구장까지 갖추어 놀이공원같이 꾸며놓았습니다. 주어진 과제를 달성하면 업무 시간에 수영장에서 파도타기를 즐기거나 마사지를 받아도 아무런 문제가 없습니다.

구글 사옥 내부에는 버닝맨 축제 사진이 많은데, 구글이 놀이공원 같은 인상을 주는 이유는 브린과 페이지가 회사를 버닝

두들은 기념일을 보여주는 구글의 임시 로고입니다. 최초의 두들은 1998년 페이지와 브린의 버닝맨 축제 참가를 알리려고 만들어졌습니다. 구글은 이후 두들 사용을 확대했는데, 브랜드 로고를 바꾸면 안 된다는 지금까지의 원칙을 거부한 셈입니다. 하지만 두들은 성공을 거두었고, 지금은 네이버 등 다른 포털 사이트도 두들을 활용하고 있습니다.

맨 축제의 현장처럼 만들고자 구상한 결과라고 합니다. 브린과 페이지는 2001년 CEO를 뽑는 과정에서 슈밋이 버닝맨 축제에 참가해왔다는 것을 보고 영입했다는 일화도 있습니다. 실제로 버닝맨 축제 참가자는 구글 입사 면접 때 가산점을 받는 것으로 알려져 있기도 합니다. 프레드 터너Fred Turner 스탠퍼드대학 커뮤니케이션학과 교수는 "구글은 버닝맨 축제를 자신들의 문화 인프라로 본다. 기업 문화가 곧 '축제'인 구글의 등장은 인터넷이 완전히 문화적 이동을 했다는 것을 의미한다"고 분석한 바 있습니다.

스페이스엑스와 테슬라를 이끌고 있는 머스크도 버닝맨 축제의 단골손님으로 알려져 있습니다. 2004년 가족, 친지들과 함께 버닝맨 축제에 참가한 머스크는 축제를 즐기다 화석연료 의

존도를 줄일 영감을 얻어 함께 축제를 즐기던 사촌에게 태양광 발전 회사 설립을 제안했다고 하지요. 2년 뒤 머스크는 사촌 린던 라이브Lyndon Rive와 함께 무상으로 태양광 패널을 설치해 장기 대여해주고 대여료를 받는 태양광 패널 업체 솔라시티를 설립했습니다. 대여료가 기존 전기료보다 싼 덕분에, 솔라시티는 몇 년 만에 미국 최대의 태양광 설치 업체로 성장했다고 합니다. 머스크 외에도 페이스북 창업자 마크 저커버그Mark Zuckerberg, 아마존 창립자 제프 베이조스Jeff Bezos 등 실리콘밸리의 젊고 창의적인 IT 부호들이 매년 버닝맨 축제에 참여해 사업 아이디어를 얻고 있습니다.

## 실리콘밸리의 뿌리, 히피 문화

그런데 왜 실리콘밸리의 엔지니어와 기업가들은 버닝맨 축제 같은 대안 문화에 끌리는 것일까요? 이를 이해하려면 실리콘밸리를 관통하는 문화적 토양을 알아야 합니다. 스티브 잡스Steve Jobs는 2005년 봄 생애 마지막 연설이 된 스탠퍼드대학 졸업식에서 "늘 배고프게, 늘 바보같이 살아라Stay Hungry, Stay Foolish"라는 문구로 축사를 마무리했습니다. 사실 이 문구는 1968년 히피 문화의 대부였던 스튜어트 브랜드Stuart Brand가 창간한 잡지 『홀 어스 카탈로그The Whole Earth Catalog』의 폐간호에 실린 글귀였습니다. 『홀 어스 카탈로그』는 잡스가 "35년 전 구글"이라고 소개할 만큼, 생태계 보전을 위해 자급자족하는 데 필요한 온갖 잡다한 지식과 도구 등을 카탈로그 형태로 소개하는 잡지였습니다. 1974년 폐간될 때까지 자연으로의 회귀, 최소한의 소비, 자급자족, 대안 교육, 생태학, 환경 친화적 삶, 공동체 생활에 필요한 지식과 정보 등 히피 공동체에 필요한 지식을 공급했습니다. '의식의 전 지구적 확장'은 요즘 말로 하면 글로벌한 사고를 가리킵니다. 『홀 어스 카탈로그』는 당시 주류 문화에 대항해 히피가 지향하는 문화코드를 미국 서부 지역에 전파하는 데 앞장섰습니다.

한편 실리콘밸리에서도 핵심 지역이라고 할 수 있는 팰로앨토Palo Alto에서 조직된 '홈브루 컴퓨터 클럽Homebrew Computer Club'은 IBM이나 HP와 같은 대기업, 국가 연구소 등을 중심으로 사용하던 컴퓨터를 개인도 이용할 수 있어야 한다는 사람들의 모임이었습니다. 클럽 구성원들은 급진적인 히피 정신을 공유하고 있었는데, 스티브 워즈니악Steve Wozniak이 바로 홈브루 컴퓨터 클럽에서 활동하던 엔지니어였습니다.

한동안 인도철학과 선불교에 심취해 명상을 하고 인도 여행을 다녀오기도 한 잡스와 홈브루 컴퓨터 클럽에서 활동하며 『홀 어스 카탈로그』를 탐독하던 워즈니악은 실리콘밸리의 히피 정신을 바탕으로 개인용 컴퓨터PC를 만들었습니다. 이들은 복잡한 명령어 대신 그림으로 컴퓨터를 조종할 수 있는 그래픽 사용자 인터페이스GUI를 개발하고 이어 단순한 디자인에 터치로 조작하는 아이팟, 아이폰, 아이패드 등을 내놓았습니다.

## 버닝맨 정신은 계속될 수 있을까?

『뉴욕타임스』는 최근 실리콘밸리의 부호와 할리우드 스타, 대기업 경영진, 벤처 투자가들이 몰려들면서 블랙록 시티가 호화 캠핑촌으로 변질되고 자본의 지배에서 벗어나 자유를 추구하는 버닝맨 문화가 퇴색되었다고 비판했습니다. 하지만 실리콘밸리는 여전히 실험 정신의 요람입니다. 실리콘밸리에서는 아직도 젊은 기업가와 엔지니어들이 불온한 꿈을 펼치는 것이 허용되고 미래가 불확실한 신제품과 신기술에 선뜻 돈을 대어 주는 무모한 투자가도 만날 수 있습니다.

전 세계의 수많은 도시가 실리콘밸리를 벤치마킹해서 클러스터를 만들어 운영하지만 성공하지 못하는 이유는, 실리콘밸리의 원동력이 무모한 실험 정신과 그러한 실험 정신이 당연하게 받아들여지는 '풍토'라는 사실을 깨닫지 못하고 있기 때문입니다. 실험 정신과 창조적 전복과 일탈을 당연하게 받아들이는 풍토의 뿌리는 히피 문화에 맞닿아 있습니다.

오늘날 사용자들이 만들어가는 인터넷 백과사전 위키피디아, 새로운 기부 모델인 크라우드 펀딩, 동영상 공유 서비스 유튜브, 사용자 참여에 기반 한 소셜 네트워크 서비스까지 공동 생산 · 공동 소비 문화와 인터넷 경제는 『홀 어스 카탈로그』가 전파한 히피 문화에서 출발했다고 합니다. 실리콘밸리의 천재와 기업가들이 매년 여름 작열하는 태양 아래 모래 먼지로 숨 쉬기도 힘든 사막에 모여드는 이유는 무엇일까요? 자신들의 문화적 뿌리인 1970년대의 히피 문화를 체험하면서 초심으로 돌아가 창조적인 영감을 얻고 동지들과 네트워크를 맺어 새로운 사업 기회를 모색하기 위해서가 아닐까요?

축제,
일상 탈출의
전통

# 5

## '다름'을
## 이해하는
## 몇 가지 방법

# 미국의 패스트푸드 vs.

## 유럽의 슬로푸드

저는 2000년 파리에서 특파원으로 일할 때 슬로푸드slow food 운동을 처음 접했습니다. 슬로푸드 운동은 이탈리아의 음식 칼럼니스트 카를로 페트리니Carlo Petrini가 1986년 로마의 스페인 광장 한복판에 맥도날드가 들어서게 된 데 격분해 친구들과 함께 음식의 동질화와 음식 생산의 세계화에 대항하는 단체를 창설하면서 시작되었습니다. 단체 이름은 패스트푸드의 확산에 반대한다는 의미로 슬로푸드로, 로고는 인간을 즉흥적이고 성급하게 만드는 현대사회의 속도제일주의에 저항한다는 뜻에서 달팽이로 정했다는 대목이 눈길을 끌었습니다. 맛을 표준화하고 인위적인 조미료 맛으로 고유의 미각을 훼손하는 패스트푸드 대신, 자기 고장의 역사가 담겨 있으면서 건강에도 좋은 전

페트리니는 로마의 스페인 광장에 맥도날드가 들어온다는 것을 듣고 이에 저항하는 '슬로푸드'를 만들었습니다.

통 음식과 고유의 입맛을 회복하자는 대안 먹거리 문화 운동이라는 취지에 공감이 되었습니다.

1989년 11월 9일 세계 여러 나라 대표들이 모여 슬로푸드 선언문을 채택하고 슬로푸드 세계 기구를 출범했으며, 현재 160여개 국가 1,500개 지부에서 10만 명의 회원이 활동하고 있습니다. 구체적으로 세계 각 지방의 전통 음식과 미각味覺 지킴이를 발굴해 수여하는 슬로푸드상 시상, 잊혀져가거나 완전히 사라질 위험에 처한 전통 음식의 목록을 만드는 '미각의 방주', 어린이와 성인을 대상으로 한 미각 교육 프로그램 등을 펼치고 있습니다. 2009년부터는 매년 12월 10일을 '어머니 대지'라는 의미의 테라 마드레 데이Terra madre day라 해서 가까운 지역의 동호인들이 모여서 서로 준비한 음식으로 파티를 하며 로컬 푸드를 기념하는 행사를 벌입니다.

## 슬로푸드, 세계무형유산이 되다

대표적인 슬로푸드라 할 수 있는 프랑스식 식사와 지중해식 식사가 2010년 유네스코의 세계무형유산에 등재되었습니다. 음식 문화가 세계무형유산으로 선정되기는 처음인데 요리는 물론 식재료를 얻는 방식, 식사법, 테이블 세팅, 음식과 관련된 이야기, 요리의 역사, 노하우 등 요리와 관련된 모든 것을 아우르는 복합체라고 할 수 있습니다.

프랑스 식사는 기본적으로 아페리티프aperitif(식전주)-전채-메인 식사(생선이나 육류)-치즈와 샐러드-디저트-디제스티프 digestifs(식후주)-커피로 구성됩니다. 일반 가정에서도 최소한 전채-메인 식사-치즈-디저트 순서는 꼭 지키고 저녁은 물론 점심 식탁에도 음식과 어울리는 와인이 오르고 정찬의 경우에는 디저트 다음 코스로 코냑 같은 소화를 돕는 독주가 곁들여집니다. 요리가 5~7가지 코스로 나오는 데다 음식에 대한 이야기부터 다양한 관심사까지 나누기 때문에 보통 식사하는 데 2시간 정도 소요됩니다. 직장의 점심시간도 보통 1시간 30분에서 2시간입니다.

스페인 · 이탈리아 · 모로코 · 그리스는 유네스코에 지중해식

다름을
이해하는
몇가지방법

식사 등재를 공동 신청하면서 "식사는 사회적 교류이자 축제"라고 했습니다. 지중해식 식사 역시 여유롭게 대화를 나누며 음식을 음미하기에 2~3시간에 이르는 긴 식사 시간이 특징입니다. 지중해는 바다와 온화한 기후, 따사로운 햇볕 덕분에 육류보다는 해산물·올리브·토마토 등이 풍부해 이를 이용한 요리가 발달했습니다. 원재료의 맛을 살리려고 레몬·후추 등 기본 조미료만 사용해 몸에 좋은 식사로도 꼽힙니다.

## 슬로푸드의 이면

그런데 지갑이 얇은 여행자 처지에서는 슬로푸드가 썩 반갑지 않습니다. 시간도 많이 걸리고 어떤 음식이 나올지, 바가지를 쓰지는 않을지 알 수 없기 때문입니다. 특히 어린 아이를 동반한 여행자에게 독자적인 메뉴와 규칙이 있는 로컬 식당은 넘지 못할 벽이나 다름없습니다. 유럽의 로컬 식당은 아침 식사를 제공하지 않고, 점심 식사와 저녁 식사 시간 사이에도 휴식 시간이 있어 오후 2시가 넘으면 문을 닫곤 합니다. 저는 유럽 여행이나 출장 중에 도착 시간이 오후 2시가 넘어 문을 연 식당을 찾지 못해 점심을 굶었던 적이 여러 번 있었습니다. 화장실에 들어갈 때 동전을 요구하기도 해서 동전이 없으면 낭패를 보기 쉽습니다.

1993년 프랑스에서 연수할 때 여름방학 동안 3세짜리 아들과 시어머니까지 가족 4명이 자동차로 남프랑스와 스페인·포르투갈·이탈리아·오스트리아를 여행했습니다. 가는 곳마다 맥도날드의 M자 모양 황금색 아치를 찾아 헤맸던 기억이 새롭습니다. 맥도날드나 버거킹 같은 글로벌 프랜차이즈 식당은 전 세계적으로 메뉴와 매뉴얼이 표준화되어 있어 어떤 음식을 주문할 수 있는지 미리 알 수 있고, 주문해서 음식이 나오기까지 오래 기다릴 필요가 없으며 중간 휴식 시간이 없어 여행자에게는 사막의 오아시스나 다름없습니다. 가격도 저렴하고요. 더욱이 패밀리 레스토랑이라는 이름에 걸맞게 아이를 위한 의자와 전용 메뉴, 놀이터가 마련되어 있으며 화장실에는 기저귀 교체대까지 있으니 그야말로 천국이나 다름없었습니다. 몇 년 전 체코와 폴란드를 방문했을 때 보니 맥도날드나 KFC에서 무료 화장실에 와이파이까지 무료로 제공해주어서 여전히 가난한 여행자에게 쉼터 역할을 하고 있는 것 같더군요.

## '배부르다'와 '맛있다'의 차이

패스트푸드를 발달시킨 미국과 슬로푸드를 보존해온 유럽의 문화 차이에 대해 『컬처 코드』의 저자 라파이유 박사는 미국과 유럽의 문화코드가 다르기 때문이라고 설명합니다. 라파이유 박사에 따르면 프랑스 음식의 문화코드는 쾌락입니다. 프랑스인에게 레스토랑에서 하는 식사는 요리사와 소믈리에, 웨이터,

프랑스 사람에게 식사는 일종의 종합 예술입니다. 사진은 파리의 유명 레스토랑 르 트랭 블뢰Le Train Bleu입니다.

지배인, 테이블 장식을 맡은 플로리스트 같은 많은 연주자가 동시에 연주하는 교향악과 같습니다. 실제로 프랑스인들은 훌륭한 요리사와 교향악단의 지휘자에게 모두 셰프chef라는 명칭을 사용합니다.

오랜 역사와 전통을 자랑하는 프랑스 식문화에서는 음식 못지않게 함께 식사하는 사람과의 대화와 테이블 매너, 테이블 세팅이 중요합니다. 가정에서도 항상 냅킨을 깔고 요리에 맞추어 포크와 나이프를 세팅합니다. 테이블 세팅을 전문으로 하는 직업이 있을 정도입니다. 가정에서 손님을 초대할 때도 코스별로 준비한 음식과 음료가 어떤 것인지 알 수 있도록 메뉴판을 준비해 테이블에 올립니다.

프랑스에서는 어릴 때부터 과자를 샴페인에 찍어 먹게 하거나 와인이나 리큐르를 넣은 초콜릿, 와인에 재운 스테이크 등을 맛보게 함으로써 술과 친숙해지고 와인의 깊은 맛을 음미할 수 있는 환경을 조성해줍니다. 오감을 총동원해 맛을 즐기고 음미하는 것이 음식과 술에 대한 프랑스의 문화코드입니다.

한편 이탈리아 문화는 귀족 사회를 모범으로 삼기 때문에 귀족 문화의 영향을 강하게 받았습니다. 귀족은 음식을 허겁지겁 먹는 일이 없으며 항상 조금씩 먹고 그 맛을 음미합니다. 지위에 상관없이 이탈리아인은 음식에 관한 한 세련된 감각을 갖추고 있으며 과식하면 맛을 음미하는 능력을 잃게 된다고 생각합니다.

프랑스 · 이탈리아 · 스페인 · 그리스 등 지중해 국가들의 음식 문화를 설명하는 단어를 하나만 고르라면 주흥酒興, 연회의 유쾌한 기분 등을 의미하는 'conviviality'입니다. 축제feast, 연회banquet라는 뜻의 라틴어 'convivium'이 기원입니다. 미식가gourmet, 식도락 혹은 식탐이란 뜻을 가진 'gourmandise', 요리법cuisine 같은 단어는 모두 프랑스어에서 유래했습니다.

이에 비해 미국인의 음식에 대한 문화코드는 연료fuel입니다. 미국인은 인간의 몸은 기계이며 음식의 기능은 그 기계를 계속 돌아가게 하는 데 있다고 봅니다. 프랑스인은 식사가 끝난 후 '맛있다bon'라고 인사하는데 비해 미국인은 '배부르다full'고 말합니다. 식사를 일종의 연료 공급으로 생각하는 미국의 음식 문

식당을 겸한 미국 고속도로의 주유소입니다. 자동차의 연료와 운전자의 '연료'를 함께 채울 수 있는 곳이지요.

화가 반영된 표현입니다. 미국인이 음식을 먹는 목적은 연료를 채우듯 활동을 위한 에너지를 충전하는 것이기 때문에 식사를 잘 끝마쳤다는 인사로 '배부르다'고 하는 것이지요. 실제로 미국의 고속도로 어디에서나 주유소를 겸한 식당을 찾아볼 수 있는데 차의 연료통과 자신의 '연료통'을 같이 채울 수 있으니 참으로 효율적입니다.

일을 하기 위한 에너지를 충전하는 행위가 곧 식사이므로 음식 맛이나 식당의 분위기는 그다지 중요하지 않습니다. 이런 점에서 패스트푸드는 확실히 미국인의 문화코드에 잘 들어맞습니다. 패스트푸드는 기다리거나 격식을 차릴 필요 없이 배를 빨리 채워줄 뿐 아니라 일을 하면서 먹을 수도 있습니다.

저는 신문사에 근무할 때 '카페 에스프레소'라고 이름 붙인 온라인 칼럼을 시작하면서 "유럽의 에스프레소는 각성과 성찰의 음료지만 미국의 아메리카노는 일에 활력을 높여주는 일종의 에너지 음료"라고 비교한 적이 있습니다. 진한 에스프레소는 카페에 앉아 조금씩 홀짝거리면서 토론하거나 사색하기에 적합한 음료지만 아이스 아메리카노는 걸어 다니면서 후루룩 마실 수 있으니 패스트 드링크인 셈입니다.

## 음식은 연료인가 쾌락인가

패스트푸드로 식사 시간을 절약하고 배만 채우면 된다는 의식을 지닌 미국인과 슬로푸드 개념을 만들어낸 프랑스인의 음식 문화코드는 정반대일 수밖에 없습니다. 프랑스인들은 밤새워 만찬을 즐기고 하루 종일 와인을 마시지만 음식을 쓸어 담듯 폭식하거나 단숨에 위스키를 들이켜지 않습니다. 프랑스인과 이탈리아인은 만찬이 끝난 뒤, 접시가 깨끗이 비었거나 와인잔이 비어 있으면 천박하게 여긴다고 합니다. 하지만 미국인은 뷔페에서 가득 차려놓은 음식을 몇 접시씩 덜어와 산처럼 쌓아놓고 먹는 것, 배부르게 먹는 것에 만족감을 느낍니다. 즉시 먹을 수 있는 다양한 음식을 풍부하게 제공하는 뷔페는 패스트푸드 식당과 함께 미국인의 음식에 대한 문화코드와 싱크로율 100퍼센트인 장소라고 할 수 있습니다.

천천히 맛을 음미하면서 먹는 프랑스의 슬로푸드 문화가 최고의 품질과 가치를 추구하는 명품을 탄생시킨 것과 달리, 속도와 효율성을 중시하는 미국 문화는 서둘러 먹고 연료통을 가득 채운 뒤, 다시 일을 하는 것이 중요합니다. 때문에 저렴한 가격에 푸짐하고 빠르게 배를 불릴 수 있는 패스트푸드가 미국에서 성공할 수 있었습니다. 라파이유 박사에 따르면 다양한 고객이 나와 만족스러운 표정으로 "아, 배부르다"를 외치는 타코벨의 99센트짜리 신제품 광고야 말로 음식에 대한 미국의 문화코드에 딱 맞는 광고입니다. 미국의 슈퍼마켓에서 파는 건강 보조 식품 중에는 '다이어트 퓨얼diet fuel', '뷰티 퓨얼beauty fuel'같이 '연료'를 제품 이름으로 사용한 것들이 있습니다. 여기서도 미국인의 음식에 대한 문화코드를 엿볼 수 있습니다.

미국과 유럽의 음식에 대한 문화코드를 알고 그 차이를 이해하는 것은 특히 식품 산업 관련 기업에 의미 있는 시사점을 던져줍니다. 가령 미국과 유럽 시장에 진출할 때 어떤 제품을 선택할 것인지, 제품의 마케팅과 광고 전략을 통일하거나 차별화할지 결정을 내리는 데 도움을 줄 수 있을 것입니다.

음식에 대한 미국인과 유럽인의 인식 차이는 비즈니스 현장에서도 유용하게 활용할 수 있습니다. 가령 회의를 하는 중에 식사 시간이 되었을 때, 미국인과 함께 하는 회의라면 샌드위치나 햄버거를 사다놓고 회의를 계속하는 것이 좋습니다. 미국인은 음식을 연료로 보는 실용주의적 인식을 가졌기 때문입니다.

그러나 상대가 프랑스인이나 이탈리아인이라면 일단 회의를 중단하고 깔끔한 식당에서 식사를 하는 것이 바람직합니다. 미국인은 일하기 위해 먹지만 지중해 유럽인은 멋진 식사를 위해 일하기 때문입니다.

# 맥도날드가

## 세계에 파고든 비결

미국『워싱턴포스트Washington Post』는 2018년 싱가포르 북미 정상회담 개최를 위한 실무 회담이 한창이던 6월 2일 "김정은 북한 국무위원장이 미국에 대한 호의적인 의사 표현의 일환으로 서구식 햄버거 프랜차이즈(맥도날드)를 들여올 수 있다"고 보도했습니다. 5월 말에는 문정인 대통령 외교안보특보가 "북한이 원하는 체제 보장은 맥도날드가 평양 시내에 입점하는 것"이라고 언급한 적이 있습니다. 과거에도 한반도 긴장 완화 분위기가 조성될 때마다 맥도날드의 북한 진출 가능성에 대한 보도가 나오고는 했는데요, 맥도날드의 새로운 시장 진출은 그동안 미국의 세계화 전략, 그리고 국가 이익과 맥락을 같이해왔습니다. 미국 정부와 외교적 대립이 해소되거나, 제재가 완화되면 맥도날드가 진출해 점포를 열었습니다. 미국식 자본주의를 경험하는 최초의 장소가 맥도날드가 되는 것입니다.

## 맥도날드, 자본주의의 쇼케이스

실제로 맥도날드는 탈냉전 이후 공산주의 국가에 대거 진출했습니다. 『워싱턴포스트』는 "1967~1987년 맥도날드의 신규 진출국은 매년 2곳에 불과했다. 그런데 1990년대 중반 맥도날드의 신규 진출국은 매년 10곳으로 크게 늘었는데, 대다수가 옛 공산주의 국가였다"고 전했습니다. 맥도날드가 미국의 대외 전략과 연동해 움직인다는 사실을 엿볼 수 있는 대목입니다.

특히 맥도날드의 중국과 소련 진출은 큰 화제가 되었습니다. 1990년 1월 31일 모스크바 중심가 푸시킨 광장에 처음 연 맥도날드 점포 앞에는 연일 3만여 명이 몰려와 장사진을 치는 진풍경이 벌어졌습니다. 당시 햄버거 1개 값은 1.6루블, 우리 돈으로 환산하면 약 2,000원이었습니다. 소련인의 평균 수입을 따져보면 만만치 않은 가격이었으나 '부자 나라 사람들이 먹는 음식'이라는 호기심 때문에 행렬은 멈출 줄 몰랐습니다. 맥도날드 측은 판매 개시와 더불어 "1인당 10개 이상 팔지 않습니다"라는 판매 제한 조치를 했을 정도였습니다.

맥도날드는 1975년 홍콩에 매장을 개설한 데 이어, 1990년 중국 본토인 선전에 첫 매장을 열었습니다. 맥도날드 매장 앞에는 햄버거를 맛보기 위해 모여든 중국인이 인산인해를 이루었고 매장을 연 첫날 3시간 만에 일주일 치 판매량이 동났습니다. 당시 외신은 "맥도날드 메뉴는 중국인의 입맛에 맞지 않았다. 하지만 이들은 맥도날드 식당에서 느껴지는 부富의 기운을 반겼다"고 현장 분위기를 전했습니다. 당시 청소년 사이에 맥도날드의 인기가 워낙 높아서 일부 중국인 부모는 햄버거 안에 청소년을 유혹하는 무엇인가를 몰래 넣었을 것이라고 생각했을 정도라고 합니다. 하지만 맥도날드는 청소년에게만 인기가 있는 것은 아니었습니다. 2년 뒤인 1992년 베이징에 매장을 열었을 때 몰려든 손님 중에는 청소년은 물론 82세 노인도 있었습니다. 미국을 직접 방문해 서구의 음식 맛과 문화를 누리는 대신 맥도날드 매장에 들러 10위안을 내고 대리 만족을 하겠다는 욕구가 수많은 중국인을 맥도날드로 이끌었던 것입니다.

## 맥도날드의 역사

맥도날드는 1955년 밀크셰이크 기기 외판원 레이 크로크Ray Kroc가 캘리포니아에서 햄버거 가게를 하는 맥도널드 형제에게 프랜차이즈 영업권을 사들이면서 시작되었습니다. 창업 10년 만인 1965년 점포수가 700개로 늘어났습니다. 1970년부터 해외 진출을 본격화하면서 1976년에는 22개국에 1,770개 매장이 있었는데 1983년에는 32개국에 7,778개 매장, 2017년에는

크로크는 맥도널드 형제에게 프랜차이즈 영업권을 사들인 후 빠르게 사업을 확장해나갔습니다. 사진은 일리노이주 데스플레인스에 있는 크로크의 첫 맥도날드 매장입니다.

120개국에 3만 7,241개 매장으로 급증했습니다. 2017년 매출은 약 30조 원, 종업원 수는 170만 명, 하루 평균 전 세계에서 맥도날드 매장을 찾는 고객은 6,900만 명에 이릅니다. 전 세계 인구의 1퍼센트에 육박하는 사람이 매일 맥도날드를 이용하는 셈입니다.

크로크는 쇠고기 패티의 크기와 무게, 모양 등 햄버거 재료를 통일했습니다. 예컨대 지방의 양은 19퍼센트 이하, 무게는 1.6온스(약 45그램), 지름은 3.875인치(약 10센티미터), 양파는 0.25온스(약 7그램)입니다. 또한 고기를 어느 정도 두께로 자를 것인지부터 몇 도에서 몇 분 동안 익힐 것인지, 감자를 써는 요령과 두께까지 꼼꼼하게 기록하고 매뉴얼을 통일했습니다. 체인점마다 같은 양의 피클과 겨자와 케첩이 들어간 똑같은 형태의 햄버거를 똑같은 시간에 똑같은 접시에 담아 서비스하도록 했고 신선한 맛을 유지하기 위해 햄버거는 만든 지 10분, 프렌치프라이는 튀긴 지 7분이 지나면 폐기하게 했습니다. 매뉴얼에는 매장을 열고 닫는 시간은 물론이고 직원의 복장과 매장의 밝기, 수십 가지에 달하는 화장실 점검 요령과 사후 조치 요령까지 규정되어 있습니다.

맥도날드의 신화는 메뉴를 단순화하고 모든 공정을 표준화하고 화장실 운영 규칙까지 만든 매뉴얼을 배포함으로써 이루어졌습니다. 맛 좋고 위생적이며 서비스가 빠르면서 가격은 저렴한 음식에 대한 욕구를 충족시키면서, 어느 곳에서 누가 만들어도 똑같은 햄버거를 먹을 수 있다는 소비자의 신뢰를 확보한 것입니다.

맥도날드는 자동차 왕 헨리 포드Henry Ford가 착안해 생산 효율을 극대화했던 일관 생산방식(컨베이어 벨트 시스템)을 음식 제조 과정에 도입했습니다. 음식 만드는 과정을 단순하고 반복적이며 쉽게 배울 수 있는 작업으로 바꾼 것입니다. 맥도날드 전에는 어떤 음식점도 음식의 맛과 품질을 표준화해 공산품처럼 예측 가능한 시간에 공급하겠다는 발상을 하지 못했습니다.

크로크는 여기에 만족하지 않고 1961년 일리노이주 엘크 그로브 빌리지Elk Grove Village에 체인점 매니저를 조직적으로 훈련할 햄버거 대학을 만들었습니다. 이 대학에서는 프랜차이즈 운영자와 직원에게 각종 매뉴얼을 교육하고 각 체인점의 성공 사례를 발표하게 하며 새로운 조리법과 냉동 방식·저장·서비스 메커니즘 등도 연구·개발하고 있습니다. 솜씨 좋은 주방장이 손님을 끄는 것이 아니라, 매뉴얼화된 정교한 시스템으로 손님을 끄는 것, 이것이 바로 오늘날의 맥도날드를 있게 만들었습니다.

## 맥도날드, 그리고 맥도날드화

코카콜라와 함께 미국 문화의 첨병으로 꼽히는 맥도날드는 매장이 없는 나라를 찾는 것이 더 빠를 정도입니다. 맥도날드는 M자형 황금빛 아치와 광대 모양의 로널드 캐릭터를 앞세워 세계 각지에 진출했습니다. "미국 자본이 침투하기 전에 반드시 맥도날드와 코카콜라가 먼저 들어간다"는 이야기도 있습니다. 맥도날드의 대표적 메뉴 빅맥은 세계 각국의 물가를 비교할 때 활용하는 '빅맥 지수'에도 활용됩니다.

미국의 사회학자 조지 리처George Ritzer는 1993년 출간한 『맥도날드 그리고 맥도날드화』에서 이를 '맥도날드에 의한 세계 지배'라고 표현했습니다. 리처는 맥도날드화mcdonaldization라는 신조어로 효율성을 앞세운 맥도날드의 패스트푸드 문화가 현대사회를 지배하고 있음을 설명했습니다. 그는 "목표를 달성하는 최적의 방법인 효율성, 지불 대비 얻는 이익을 측정하는 측정 가능성, 표준화되고 획일적인 서비스로 인한 예측 가능성,

맥도날드의 대표 메뉴 빅맥은 '빅맥 지수'에도 활용되고 있습니다. 빅맥은 품질 · 크기 · 재료가 세계 어디서나 동일하기 때문에 나라별 빅맥 가격을 비교하면 어떤 나라의 물가가 높은지 알 수 있습니다.

획일화된 고용자들로 인한 통제 가능성 등 맥도날드의 4가지 경영 원칙이 전 세계로 퍼져나가 현대사회의 문화적 특성을 형성하고 있다"고 지적하면서 철저한 합리화를 추구하는 이 같은 원칙이 개개인의 창의성과 삶의 질을 저하시키며, 인간을 비인간화하는 폐해를 유발한다고 비판합니다. 리처는 현대사회의 지배적인 특성이 획일화와 몰개성임을 간파하고 효율성과 미국화의 상징인 맥도날드의 패스트푸드 문화를 통해 이를 설명했습니다.

리처의 비판처럼 미국이 주도하는 '세계화'의 상징인 맥도날드의 진입에 세계 각국의 저항과 거부 움직임도 만만치 않았습니다. 1986년 로마에 맥도날드 매장이 생기자 이에 격분한 페트리니는 동료들과 함께 패스트푸드에 대항하는 슬로푸드를 창설했습니다.

환경보호 단체 그린피스는 1985년부터 10월 16일을 '반反맥도날드의 날'로 선포하고 매년 패스트푸드 퇴치 이벤트를 벌이고 있습니다. 미식의 종주국을 자부하는 프랑스에서는 1999년 루브르 박물관 근처에 맥도날드가 들어서자 거센 저항이 있었으며 농민 운동가 조세 보베José Bové는 프랑스 서남부 미요Millau에 있는 맥도날드 점포를 불도저로 밀어버리기도 했습니다.

사실 맥도날드의 간판 제품인 햄버거와 감자튀김은 아주 단순한 음식입니다. 영양학적 관점에서 보면 콜레스테롤 수치를 높이는 정크 푸드junk food입니다. 하지만 전 세계 인구의 1퍼센트가 매일같이 이 음식을 먹을 만큼 인기를 끌고 있고, 매년 1,000여 개의 점포가 세계 곳곳에서 새로 문을 열고 있습니다. 거센 비판과 저항에도 맥도날드 제국이 여전히 건재한 이유는 무엇일까요?

## 지속 경영의 비밀, 현지화 전략

건재의 비밀은 '현지화 전략'에 있습니다. 맥도날드는 "생각은 글로벌하게, 행동은 지역에 맞게think globally, act locally"를 사시社是로 내세우고 새로운 국가에 진출하기에 앞서 해당 국가의 식

그리스 전통 빵인 피타를 이용한 그리스 맥도날드의 피타 버거입니다. 맥도날드는 새로운 나라에 진출할 때 그 나라 사람들에게 친숙한 특별 메뉴를 개발해왔습니다.

습관을 조사 · 분석해 해당 국가의 전통 미각을 수용한 신상품을 내놓았습니다.

1997년 출시한 불고기 버거와 2001년 출시한 새우 버거는 한국에서만 맛볼 수 있는 한국 고유 메뉴입니다. 불고기 버거는 출시 당시 전체 매출의 35퍼센트를 차지할 정도로 크게 히트했고 지금도 꾸준한 인기를 누리고 있습니다. 1988년 서울 압구정에 1호점을 개설한 이래, 진출 첫해인 1988년에는 19억 원이던 매출액이 2000년에는 2,300억 원으로 뛰어올라 12년 만에 매출이 120배로 늘어날 수 있었던 주요 요인도 불고기 버거였습니다.

맥도날드는 1971년 서독에 처음 진출한 이후 2010년 기준으로 매일 192만 명이 1,000여 개 매장을 방문하는 독일의 '국민 식당'으로 성장했습니다. 2000년에는 독일 전 국민이 연평균 60마르크를 맥도날드에 지출했다는 통계도 있습니다. 햄버거의 원형이 독일 함부르크의 토속 음식인 함부르크 스테이크였기에 독일인들은 처음에 맥도날드에 시큰둥한 반응을 보였습니다. 맥도날드가 독일 시장을 공략하며 채택한 전략은 맥주를 판매하는 것이었습니다. 원래 맥도날드는 술을 팔지 않지만 독일에서는 맥주가 일반 음료로 자리 잡은 점을 고려한 것이지요. 한편으로는 독일의 대표 음식인 소시지 버거를 개발해 판매한 것이 주효했습니다.

각 지역의 고유한 맛을 살려야 한다는 맥도날드의 전략은 일본의 고로케 버거, 캐나다의 랍스터 버거, 우루과이의 수란 버거, 칠레의 아보카도 버거, 코스타리카의 콩밥 버거, 그리스의 피타 버거, 홍콩의 찹쌀 버거를 탄생시켰습니다. 소를 신성시하는 인도에서는 쇠고기 패티 대신 양고기와 치킨 패티를 사용하고 노르웨이에서는 북해산 연어를 이용한 연어 샌드위치 맥럭을 개발했습니다. 중국에서는 맥모닝을 죽과 두유로 바꾸었으며, 이집트에서는 팔라펠(콩을 갈아 튀겨낸 중동 음식)을 양상추·토마토와 함께 넣은 맥팔라펠을 선보였습니다. 이스라엘 맥도날드는 코셔에 따른 매장을 별도로 열어 안식일과 유대교 휴일을 엄수하고 치즈 버거나 유제품을 판매하지 않습니다.

맥도날드는 글로컬glocal, global+local 마케팅 전략으로 맥도날드의 세계 지배, 건강에 나쁜 패스트푸드의 대표 주자라는 비판을 극복하는 데 성공했습니다. 글로컬라이제이션은 글로벌 기업의 지역 시장 진출 혹은 지역 콘텐츠의 세계시장 공략이라는 쌍방향성을 특징으로 하며, 21세기 경제와 문화를 주도하는 개념입니다. 햄버거라는 특정 지역의 제품을 발전시켜 미국과 전 세계를 정복한 뒤, 진출한 지역의 문화적 특성을 고려한 신제품을 개발한 글로컬 전략으로 입지를 다진 맥도날드는 글로벌 비즈니스에 많은 시사점을 던져줍니다.

# 왜 프랑스 광고는

## 관능적일까?

　프랑스에는 '집 지키는 암캐들Les Chiennes de garde'이라는 독특한 이름의 시민 단체가 있습니다. 광고·기사·공직자의 발언 등 공적 영역에서 벌어지는 여성에 대한 성적 모욕을 고발하고 시정하는 것을 목표로 1999년 역사학자 플로랑스 몽트레노Florence Montreynaud와 소설가 이자벨 알롱소Isabelle Alonso가 설립한 여성 인권 단체입니다. 2000년 이 단체가 개최한 세미나에 참석한 적이 있습니다. 여성을 성적으로 대상화하는 광고를 고발하는 세미나였는데, 다른 유럽 나라에 비해 프랑스의 광고가 왜 유달리 선정적인지를 놓고 광고 제작자와 페미니스트, 관련 분야 학자들이 갑론을박을 벌였습니다.

　집중 공격 대상은 이브생로랑의 향수 오피움 광고였습니

다. 모델 소피 달Sophie Dahl이 벌거벗은 채 누워 있는 이 광고는 2000년 당시 세계 광고 업계를 뒤흔들었습니다. 광고 업계에서는 섹슈얼리즘을 절묘한 구도와 색감으로 표현했다는 평가를 받았지만, 영국 광고심의기구ASA는 이 광고가 "성적인 암시를 담고 있다"며 유포 금지 결정을 내렸고 아편이라는 뜻의 향수 이름도 문제가 되어 미국에서도 광고가 금지되었습니다. 영국과 미국의 학부모 단체에서 강력한 항의를 받은 것은 물론, 미국 광고협회는 향후 이브생로랑의 모든 광고는 매체 게재 시 협회의 승인을 얻어야 한다는 규정까지 만들었습니다. '집 지키는 암캐들'이 오피움 불매운동을 벌이기도 했지만, 미국과 영국 같은 앵글로색슨 문화 국가들이 민감한 반응을 보인 것과는 달리 정작 프랑스에서는 별로 논란거리가 되지 못했습니다.

이브생로랑은 2002년에도 신제품 남성 향수 M7을 출시하면서 남성 누드를 제품 사진과 나란히 실어 다시 한 번 선정성 논란을 일으켰습니다. 오피움에 이어 M7 광고의 감독을 맡은 미국계 디자이너 톰 포드Tom Ford는 누드 사진을 사용한 것에 대해 "향수는 몸에 뿌리는 것이므로 구태여 몸을 가려야 할 필요는 없다고 생각했다"며 "M7 광고는 순수함을 표현하고 사진 자체도 예술적인 차원으로 승화시키고자 했다"고 밝혔습니다.

# 나라마다 다른 노출 기준

〈르 루주le Rouge〉

감독: 베티나 렝스Bettina Rheims

원작: 장뤼크 고다르Jean-Luc Godard의 〈경멸Le Mépris〉

......

주연: 쥘리 오르동Julie Ordon

립스틱: 루주 알뤼르

샤넬 립스틱 르 루주의 세계로 당신을 초대합니다. 4월 1일부터 전국 지정 상영관에서 루주 알뤼르 광고를 만나보세요.

2007년 주요 일간지에 눈길을 끄는 전면 광고가 실렸습니다. 금발 미녀가 벗은 몸을 시트로 가린 채 그윽한 눈빛을 던지는 이미지, 영화 광고 같은 글귀는 얼핏 보면 최신 개봉 영화의 광고처럼 보입니다. 하지만 샤넬의 새로운 립스틱 광고가 극장에서 상영된다는 내용을 알리는 광고였습니다.

샤넬 코리아의 설명에 따르면, 당초 이 30초짜리 광고를 텔레비전에서 방영하기로 했으나 지나치게 선정적이라는 이유로 한국방송광고심의위원회의 심의를 통과하지 못하는 바람에 극장에서 상영하기로 계획을 바꾸었다고 합니다. 도대체 광고에 어떤 내용이 담겨 있기에 텔레비전 상영 불가 판정을 받았을까요?

다름을
이해하는
몇 가지 방법

샤넬의 〈르 루주〉 광고 촬영 장면입니다. 샤넬은 문화권에 따라 배우의 노출 수위를 조절했습니다.

마지막 태양빛 한 줄기가 로마의 고급 아파트 침실을 비춘다. 흐트러진 침대 위, 시트로 벗은 몸을 가린 브리지트 바르도Brigitte Bardot가 옷을 입고 나가려는 남자에게 묻는다.

"내 몸을 좋아해요? 어디가 제일 마음에 드나요?"

남자가 입술이라고 말하자 바르도는 다시 묻는다.

"당신, 내 입술을 좋아한다고요?"

프랑스 누벨바그 운동의 시조인 고다르가 1963년에 만든 영화 〈경멸〉의 첫 장면은 이렇게 시작합니다. 다음은 문제가 된 샤넬 광고 〈르 루주〉의 내용입니다.

〈경멸〉의 오리지널 사운드 트랙이 흐르는 가운데, 아무것도 걸치지 않고 시트로 몸을 가린 채 침대에 엎드려 있는 금발의 젊은 여성이 화면을 가득 채운다. 그녀 옆에는 방금 셔츠와 바지를 걸친 남성이 있다. 남성이 립스틱 바닥을 누르자 경쾌한 소리와 함께 황금빛 몸체가 드러난다. 그녀는 남성의 손에 들린 립스틱을 빼앗아 입술에 바르며 묻는다.

"당신, 내 입술 좋아해요?"

이 광고는 보기에 따라서는 입술은 여성의 성기를, 검은색 립스틱 용기는 남성의 성기를 상징하는 것으로 해석할 수 있어 매우 선정적입니다. 관능에 예술적 터치를 가미한 이 광고는 파리를 시작으로 전 세계 70여 개국에서 일제히 방영되었습니다. 같은 광고지만 나라나 문화권에 따라 광고의 심의 기준이 달라 배우의 노출 정도가 조금씩 달랐다고 합니다.

한국에서는 '텔레비전 방영 불가, 극장 상영 가능' 판정을 받았지만 일본과 중국에서는 아예 동영상 방영 불가 판정을 받았습니다. 중동에서는 얼굴 아래로 피부가 드러나지 않도록 배우의 몸을 완전히 시트로 감싼 뒤 다시 베개로 가린 광고를 별도로 촬영했다고 합니다.

성을 소재로 한 광고가 자연스럽게 받아들여지는 서유럽에서는 아무런 제재 없이 텔레비전에서 상영되었으나 영국에서는 오피움처럼 유포 금지 판정을 받았습니다. 영국은 광고 심의 규정이 매우 엄격해 신체를 노출하거나 신체 일부를 클로즈업한 광고를 찾아보기 어렵습니다. 일부 학자들은 여성의 성을 소재로 한 광고는 프랑스·이탈리아·스페인 등 라틴 유럽에서 보편적이라는 분석을 내놓기도 했습니다.

## 프랑스 광고가 유독 관능적인 이유

프랑스의 또 다른 명품 업체 겔랑의 향수 렝스탕 드 겔랑의 광고는 매우 관능적입니다. 부드럽고 몽환적인 분위기 속에 반쯤 가린 여성의 뒤태가 보입니다. 등과 엉덩이 윗부분이 고스란히 드러나는 드레스를 걸친 여성이 고개를 돌려 뒤쪽을 바라보고 있는데, 눈길이 닿은 곳에는 여성의 등을 어루만지는 남성의 손이 있습니다.

프랑스에서 사는 동안 성을 소재로 한 광고가 왜 유독 프랑스에 많은지 궁금했는데 그 해답의 실마리를 라파이유 박사의 『컬처 코드』에서 찾을 수 있었습니다. 라파이유 박사는 프랑스 귀족 가문 출신의 문화 인류학자이자 글로벌 마케팅 전문가입니다. 그는 문화마다 자동차·명품·취향·음식 등에 관한 독특한 코드가 있음을 발견하고 이를 문화코드라고 명명했습니다.

## 연애와 유혹의 문화코드

미국인의 자유로운 사고를 동경해 미국으로 이민 간 라파이유 박사는 자신이 태어나고 자란 프랑스에서는 연애·음식·술은 쾌락을 추구하기 위한 것이라는 인식이 지배적이라고 말합니다. 오감을 총동원해 섹스와 음식을 즐기고 음미하는 것이 프랑스의 문화코드라는 것입니다. 연애는 극히 기교적인 과정이며 연애에서 가장 중요한 것은 세련된 쾌락을 추구하는 것입니다. 따라서 사랑을 표현하는 방식은 상대가 가능한 많은 쾌락을 얻도록 도와주는 것이라고 봅니다. 여성이 남성을, 남성이 여성을 유혹하는 일은 지극히 정상적이며 유혹하거나 당하는 것 모두 삶에 활력을 주고 쾌락을 극대화하는 일입니다.

이탈리아인은 인생이 희극이라고 믿으며 기회가 있을 때마다 웃고 살아야 한다고 생각합니다. 그들은 쾌락과 아름다움, 재미가 듬뿍 담긴 사랑을 기대합니다. 그래서 너무 극적이거나 힘겨운 사랑에는 만족을 느끼지 못합니다. 이탈리아인에게 유혹은 교묘하고 유쾌한 놀이입니다. 이탈리아 남자들은 여자를 숭배하고 다른 문화권의 남자보다 여성적인 측면을 많이 드러냅니다. 그들은 자신을 아름답게 가꾸는 일에 많은 시간을 보내고 화장품도 많이 사용합니다. 의복·구두·향수 등에도 매우 세심하게 신경을 쓰는데, 이렇게 우아해지려고 노력하는 이유는 여성을 유혹하기 위해서입니다. 이들에게는 유혹이라는 놀이

로레알의 '당신의 피부, 당신의 이야기your skin, your story' 캠페인. 로레알은 미국 시장에 진출하면서 유혹 코드 대신 자신감을 내세워 마케팅했습니다.

를 즐기는 것이 쟁취보다 중요합니다. 이탈리아 남성은 처음 보는 여성에게 다가가 당신이 너무 아름다워서 사랑에 빠졌다고 고백하는데, 여성이 반응을 보이지 않으면 씩 웃으며 어깨를 한 번 으쓱하고는 가버립니다. 5분 뒤에 다른 여성에게 같은 행동을 되풀이하고 또 거절당하면 유혹에 넘어가는 여성을 만날 때까지 같은 행복을 계속합니다.

이에 비해 미국인은 대체로 사랑에 비현실적으로 높은 기준이 있습니다. 그들은 책이나 텔레비전에서 본 완벽한 신붓감, 신랑감을 찾으려고 치열하게 노력합니다. 사랑에 대한 미국인의 문화코드는 '헛된 기대', 유혹에 대한 코드는 '조종'입니다.

미국인은 유혹을 생각할 때 해서는 안 될 일을 강요받는 것을 떠올립니다.

프랑스의 화장품 회사 로레알은 프랑스에서 진행하는 광고에서는 관능적이고 유혹적인 분위기를 강조했지만 미국에서는 제품의 효과를 강조함으로써 소비자가 자신에 대해 긍정적인 느낌을 받게 하는 데 초점을 맞추었습니다. 로레알은 미국 시장에 진입하면서 유혹이라는 개념을 포기했습니다. 미국인은 유혹적인 이미지를 부정적으로 받아들이기 때문입니다. 로레알은 남성을 유혹하기 위해서 화장품을 쓰는 것이 아니라 자신감을 갖게 해주기 때문에 화장품을 사용한다고 마케팅 전략을 짜서 미국 시장을 공략했습니다.

화장품 광고는 제품의 혁신적 기능이나 디자인을 보여주는 데 한계가 있기 때문에 소비자의 눈길을 끌려고 감각적인 이미지를 보여주거나 사회적 금기를 건드리게 됩니다. 특히 성과 관련된 광고의 경우, 허용 기준과 문화코드가 문화권마다 다르고 세분화되어 있기에 이를 파악하는 것이 무엇보다 중요합니다.

# 나체가

## 부끄럽지 않으려면

한국인이 유럽을 여행할 때 겪는 대표적인 문화 충격 중 하나가 누드 문화가 아닌가 합니다. 유럽에서는 햇볕이 쨍쨍한 날 공원이나 해변에서 옷을 벗고 일광욕을 즐기는 모습을 쉽게 볼 수 있습니다. 1950년대 프랑스에 처음 등장한 누드 비치는 유럽 각지와 전 세계로 확산했습니다. 독일·네덜란드와 북유럽 국가에서는 남녀가 알몸으로 함께 사우나를 즐기는 것이 일상적입니다.

### 나체에 관한 시각차

1992년 여름 프랑스에서 연수할 때, 보르도에서 자동차로

40분쯤 걸리는 대서양 변의 아르카숑Arcachon에서 예기치 못하게 누드 비치에 들어갔을 때 기억이 지금도 생생합니다. 소나무 숲을 배경으로 백사장 위에 방갈로와 파라솔이 흩어져 있는 풍경은 한국의 동해안과 비슷해 보였습니다. 그런데 아무리 찾아도 탈의실이 보이지 않았습니다.

해수욕장 안쪽으로 한참 들어가자 놀라운 장면이 눈앞에 펼쳐졌습니다. 사람들이 실오라기 하나 걸치지 않고 있는 것입니다. 너무 놀란 나머지 몸이 굳어버려 한참을 붙박이처럼 서 있었습니다. 그런데 홀랑 벗은 채 손을 잡고 바닷가를 뛰어다니거나 어린이들과 노는 모습, 노인들이 책을 읽는 모습이 너무 자연스러웠습니다. 시간이 흐르면서 처음에 느꼈던 어색함과 황당함은 사라지고 벌거벗은 그들을 보며 영화의 야한 장면을 떠올렸던 제 자신이 부끄러워지기 시작했습니다.

옷을 입고 있는 사람은 한국 유학생인 우리 일행뿐이었습니다. 게다가 저는 양산이 없어 검은 우산을 쓰고 검정 선글라스, 반팔 원피스에 스타킹까지 신고 있었으니 햇볕 차단에 필사적인 모습이 그들의 눈에는 얼마나 우스꽝스럽게 보였을까요?

몇 주 후 로이터 저널리스트 펠로 코디네이터와 만난 자리에서 해수욕장에서의 문화 충격에 관해 이야기했습니다. 50대 초반이었던 코디네이터는 "여름의 일광욕은 감기 예방과 면역력 증진에 필수적"이라며 일광욕할 때는 몸의 모든 부위를 고루 태우는 것이 중요하기에 자신도 일 년에 두세 번은 나체 일광욕을 한다는 것입니다. 과학적인 설명까지 곁들여 진지하게 이야기하는 그녀를 보며 서양의 누드 문화를 다시 한 번 생각하게 되었습니다.

## 프랑스에서 시작된 누드 비치

나중에 알고 보니 아르카숑 바로 옆에 있는 몽탈리베Montalivet는 1953년 창설된 세계자연주의자연맹Naturism Federation의 본부인 헬리오-마린 센터Centre Hélio-Marin가 있는 곳이었습니다. 이곳 시장이었던 로베르 풀랭Robert Poulain이 1950년 불타 버려진 숲 23헥타르를 리조트로 만들어 자연주의자들에게 숙소를 제공하면서 주목을 받기 시작했습니다. 몽탈리베는 프랑스 자연주의 운동의 발상지이자 전 세계 1,300여 곳에 소재한 누드 비치의 원조 격인 곳입니다. 1950년대 프랑스에서 첫선을 보인 누드 비치는 미국에서 히피 문화와 결합해 급속히 확산되었습니다. 세계자연주의자연맹 홈페이지에 따르면 현재 유럽을 중심으로 세계 30여 개국의 25만 명이 회원으로 활동 중이라고 합니다.

몽탈리베를 찾는 휴양객의 60퍼센트는 외국인이며 여름휴가 성수기에는 1만 4,000여 명이 자연주의자 캠프에서 옷을 벗어 버린 채 휴가를 보낸다고 합니다. 이들은 알몸으로 수영장에서 수중 체조를 배우는가 하면 근처 숲으로 하이킹을 가기도 합니다. 대부분 휴가 기간에 이곳을 찾지만 반년 넘게 머무는 장기

몽탈리베의 누드 비치입니다. 이곳에서 시작된 누드 비치는 미국의 히피 문화와 결합해 급속히 확산되었다.

체류객도 있습니다.

독일과 프랑스에는 누드 비치가 100여 곳에 이르고 누드 야영장은 약 2만 개에 달하는 것으로 알려져 있습니다. 대부분의 누드 비치는 현지인이나 관광객 구분 없이 들어갈 수 있고 수영복이나 평상복을 입어도 된다고 합니다. 누드 비치는 알몸이 되고 싶은 사람의 자유를 허용하는 곳이지 알몸을 강요하는 곳이 아니기 때문에 반드시 알몸일 필요는 없다는 것이지요.

누드 비치에 한술 더 떠, 아예 리조트 전체가 누드촌인 곳도 있는데 대표적인 곳이 프랑스의 카프다드Cap d'Agde입니다. 이곳에서는 슈퍼마켓에서 장을 보고 식당에서 식사하는 등 모든 일

'다름'을
이해하는
몇가지 방법

상생활을 나체로 할 수 있습니다. 다만 회원제로 운영되기에 누드 비치처럼 누구나 자유롭게 이용할 수 있는 것은 아니라고 합니다. 입구에서 회원증을 제시하고 검문을 통과해 옷을 벗어 맡긴 뒤 퇴장할 때 되찾습니다. 뮌헨의 영국 정원Englischer Garten 이나 바르셀로나의 시체스Sitges 해변도 나체로 있을 수 있는 곳 으로 유명합니다.

## 스칸디나비아의 남녀 혼용 사우나

누드 비치와 함께 유럽에서 문화적 충격을 경험하는 대표적 장소가 독일과 스칸디나비아 국가에서 발달한 남녀 혼용 사우 나입니다. 간단하게는 혼탕混湯이라고 하지요. 1994년 사우디아 라비아·말레이시아·인도·필리핀·인도네시아에서 온 기자 들과 함께 독일의 주요 산업 시설을 둘러보는 팸 투어에 참여 한 적이 있습니다. 함부르크에 도착했을 때 독일 문화의 일부인 혼용 사우나를 경험해보라는 가이드의 설명을 듣고 호기심 반, 긴장 반으로 사우나 탐색에 나섰습니다.

탈의실에서 옷을 벗고 사우나 안으로 들어서는 순간, 놀라 운 광경이 펼쳐졌습니다. 실오라기 하나 걸치지 않은 백인·흑 인·유대인 남녀가 같은 사우나 방에서 수건을 깔고 누워 있거 나 마주 보고 앉아 있었습니다. 노천탕에서는 벌거벗은 남녀가 같이 수영하기도 하고 자외선 방에서는 모르는 남녀가 벌거벗

스칸디나비아 사우나의 내부입니다. 이곳에서는 남녀가 섞여서 함께 사우나를 즐깁니다.

은 채 잠을 자고 있었습니다. 탈의실 입구는 남녀가 구별되어 있는데 정작 사우나는 남녀의 구분이 없는 것이 이상했습니다.

누드 비치는 그나마 공간이라도 넓은데, 사우나는 몸을 스칠 정도로 가까운 거리에서 모르는 남녀가 알몸으로 누워 있었습니다. 그런데도 어색해하거나 당황해하는 사람이 없었습니다. 이런 일들을 겪으면서 궁금증이 생겼습니다. 왜 동양인은 나체를 수치와 굴욕이라고 생각하는데 유럽인은 나체를 아무렇지도 않게 여길 뿐 아니라 찬양하기까지 하는가? 그 질문에 대한 대답은 그리스 · 로마 시대까지 거슬러 올라갑니다.

## 옷을 벗으면 모두 평등해진다

누드 비치와 혼탕 같은 나체 문화는 그리스·로마 시대부터 꾸준히 유럽 문화의 중심에 있었습니다. 고대 그리스인은 나체로 일광욕을 즐겼으며 남성만 참여할 수 있었던 고대의 올림픽 경기도 선수들이 아무것도 입지 않은 상태에서 치러졌습니다. 그리스 시대에는 신의 모습도 나체로 그렸습니다. 우러러보고 경배해야 할 신을 인간의 나체로 형상화한 것은 신도 인간의 면모를 지니고 있다는 발상에서 비롯되었습니다. 그리스신화를 보면 신도 질투하고 복수하고 욕심을 부리는 등 인간적인 모습으로 그려져 있습니다. 『일리아스』와 『오디세이아』에서 보듯 상대적 신관神觀을 갖고 있어, 가치의 문제에서도 상대적 가치를 인정하게 됩니다. 신과 인간도 같은 나체인데 하물며 인간과 인간의 관계는 옷을 벗어버리면 모두 평등하다는 생각으로 발전하게 됩니다. 로마 시대에는 공중목욕탕이 발달했는데, 시민들은 공중목욕탕에 모여 사교 활동을 했고 황제도 공중목욕탕에서 알몸으로 시민들과 어울리기도 했다고 합니다.

신분제도가 정착되었던 과거에 옷은 입은 사람의 신분과 재산을 나타내는 일종의 계급장이었습니다. 19세기 말 인권 의식이 자리 잡은 후에 나체는 자유·평등·해방이라는 정치적 함의를 갖게 되었습니다. 사회적 신분과 재산 정도를 보여주는 옷을 벗어버리면 서로를 평등하게 인간 대 인간으로 바라볼 수

달리기하는 모습을 그린 고대 그리스의 암포라입니다. 모두 나체로 그려져 있습니다.

있다는 것입니다. 전문가들은 "유럽 누드 문화의 핵심 전제는 신체를 성적 대상으로 보지 않는 것"이라고 말합니다.

## 독일에서 시작된 자연주의

벌거벗음으로 건강을 증진하고자 하는 자연주의naturism는 19세기 말 독일에서 태동했습니다. 1900년대 초 사회적 자연주의자를 중심으로 FKKFreikörper kultur 즉, 자유로운 육체 문화 운동이 독일에서 급속히 확산되었습니다. 1903년에는 함부르

크에 최초의 나체주의자 공원인 '자유로운 빛의 공원'이 개장
했습니다. FKK는 알몸으로 수영과 산책, 일광욕 등을 하며 체
조·채식·금연·금주 등을 했습니다. 독일에서 자연주의가 태
동하게 된 데는 일조량이 부족한 날씨도 한몫했습니다. 어쩌다
햇볕이 있는 날에는 남녀노소를 불문하고 강이나 호수에 나와
나체로 수영을 즐기고 일광욕을 했습니다.

자연주의는 제1차 세계대전 종전 후 유럽 전역에 확산되었고
1930년에는 프랑크푸르트에서 자연주의자 국제회의가 열려
유럽 각국에서 3,000명이 모였습니다. 1931년에는 라이프치히
에서 첫 나체 수영 축제가 열렸습니다. 바이마르공화국 시절 독
일의 누디스트nudist 클럽 회원 수는 10만 명을 넘어섰습니다.

자연주의는 1930년대 말에는 대서양을 건너 미국 땅에도 상
륙했습니다. 나치 정권은 초기에 FKK 활동을 장려하다가 FKK
의 사상적 배경인 자연주의와 자유주의를 문제 삼아 활동을 금
지했습니다. 하지만 제2차 세계대전 종전 이후 독일은 반전주
의 물결과 함께 자연주의 본산의 지위를 되찾게 됩니다. 동독과
서독할 것 없이 전쟁의 화염에 절망하고 지친 사람들에게 자연
과 동화되는 자연주의는 큰 매력으로 다가왔습니다.

독일 통일 전에는 서독보다 동독에서 자연주의 문화가 발달
했습니다. 동독 공산주의 정권은 체제 전복 저항운동의 텃밭이
될 것을 우려해 일부 해변과 공원 등 제한된 지역에서만 나체
를 허용했습니다. 하지만 나체주의는 오히려 더 부흥했습니다.

공산국가의 천편일률적인 유니폼, 전체주의와 강제 동원 등 억압된 일상의 탈출구가 되었기 때문입니다. 당시 사회주의적 자연주의자 조직인 '프롤레타리아의 자유로운 육체 운동'은 6만 명의 회원을 거느리기도 했습니다. 동독뿐 아니라 헝가리와 구 유고슬라비아 등 공산주의 국가들에서 누드 비치와 누드 캠핑이 확산되었는데, 정부가 '건강한 신체에 건전한 정신이 깃든다'는 논리를 내세워 나체 문화를 장려했던 측면도 있습니다. 지금도 독일 곳곳의 해변·공원·캠핑장에서 'FKK'라고 쓴 표지판을 볼 수 있습니다. 2015년 누드 캠핑으로 유명한 독일 북부의 로젠펠더 해변Rosenfelder strand에서는 '세계 FKK 가족의 만남' 행사가 열렸으며, 전 세계 자연주의자가 모여 알몸으로 휴가를 보냈습니다.

## 유럽의 나체 문화가 퇴조하는 이유

자연주의는 단순히 알몸으로 있는 자유를 즐기는 것만이 아니라 사회적 신분 질서에서 해방되는 것과 환경 보전, 건강한 음식, 금연과 금주, 요가와 명상 등 건강한 삶을 지향합니다. 모든 인위적인 것을 배격하고 최소한의 것만 소유하고자 합니다. 생명 고유의 모습으로 돌아가 인간과 사회를 바꾸겠다는 자연주의의 사상적 근간이 된 지식인으로는 자연주의의 창시자 하인리히 푸도르Heinrich Pudor, 대자연이 신의 의복이므로 옷을 입지 않을 때 더 건강하고 행복해진다고 주장한 영국 역사가 토머스 칼라일Thomas Carlyle 등이 있습니다. 미국 작가 월트 휘트먼Walt Whitman은 평소 옷을 입지 않고 한적한 해변가를 산책하는 것을 즐겼으며 『월든Walden』으로 유명한 헨리 데이비드 소로Henry David Thoreau는 호숫가에 오두막을 짓고 살면서 나체 수영을 즐겼다고 합니다.

얼마 전 영국 『이코노미스트The Economist』가 유럽의 나체 문화가 청년층을 중심으로 급격히 퇴조하고 있다고 보도했습니다. 프랑스에서 1984년 50세 이하 여성을 대상으로 한 설문 조사에서 '일광욕할 때 알몸으로 햇볕을 쬔다'고 답한 비율이 43퍼센트에 이르렀는데, 2017년 조사에서는 같은 답변 비율이 22퍼센트로 줄었습니다. 『이코노미스트』는 "발가벗은 유럽이 옷을 입고 있다"고 표현했습니다.

유럽의 젊은이들은 누드 문화에 익숙지 않은 분위기입니다. 『이코노미스트』는 "지금의 청년층은 알몸을 성적 대상으로 보는 것에 너무 익숙하다"고 분석했습니다. 인터넷과 모바일 환경이 발달하면서 일찍부터 자극적인 포르노그래피를 쉽게 접하게 되어 나체를 성적 대상으로 보는 데 익숙해졌다는 것입니다. 그래서 누드 문화를 쉽게 수용하지 못한다는 것이지요. 누드 문화가 퇴조하는 또 다른 요인으로는 스마트폰과 SNS 사용자가 늘면서 알몸이 몰래 촬영되고 유포될 위험이 커진 것을 들 수 있습니다. 이밖에 이슬람 문화 등 성에 보수적인 문화권에서 건너온 이민자가 늘어난 것도 누드 문화 퇴조에 영향을 주었습니다.

누드 문화의 퇴조에 맞추어 네덜란드의 누드 비치들은 수영복을 입고 입장할 수 있는 '수영복 데이'를 도입하고 있으며 영업난에 빠진 독일과 북유럽의 남녀 혼용 사우나는 특정 시간대에는 옷이나 수영복을 입고 입장할 수 있도록 허용하는 추세입니다. 불법 촬영 공포를 덜기 위해 사우나 입구에서 손님의 스마트폰을 수거하기도 합니다.

자연주의자는 자신의 행위가 외설로 비치는 것을 경계합니다. 자의로 옷을 벗는다는 점은 같지만 자연과 하나 되는 것이 목적인 자연주의와 누군가에게 나체를 드러냄으로써 성적 쾌락을 얻는 노출증은 엄연히 다릅니다. 그래서 일부 나체주의자는 "오히려 우리가 성적으로 더 보수적"이라고 말하기도 합니다.

한국에서 나체는 입에 담기 민망한 주제지만, 한국 밖에서는 나체주의나 자연주의를 지향하는 사람이 생각보다 많습니다. 그들에게 나체는 논란의 대상이 아니라 오랜 세월 동안 자연스럽게 받아들여진 하나의 문화입니다. 옷을 벗는 것이 자연 회귀적인 행동인지, 아니면 수치감과 혐오감을 유발하는 비도덕적 행위인지를 가리는 절대적인 기준은 없습니다.

# 상식을 파괴하는

## 세련된 방법

저는 1992년 프랑스에서 연수하면서 다양한 문화 충격을 겪었는데, 그중에서도 가장 놀라웠던 것은 『리베라시옹Libération』에 두 쪽에 걸쳐 실린, 인종별 남녀노소 56명의 성기를 모자이크한 사진이었습니다. 처음에는 눈을 의심했습니다. 얼굴이 화끈거려 얼떨결에 신문을 덮었다가 다시 펼쳐보니 오른쪽 하단에 'United colors of Benetton'이라고 찍힌 로고가 있었습니다. 이 충격적인 사진이 의류 회사의 광고라는 사실이 어이가 없었지만 한편으로는 베네통이라는 회사에 대해 호기심이 생겼습니다.

## 베네통의 도발적 메시지

베네통의 설립자 루치아노 베네통Luciano Benetton은 사진작가 올리비에로 토스카니Oliviero Toscani를 광고 책임자로 영입해 1985년부터 '세상의 모든 색들all the colors in the world'이라는 주제로 파격적인 광고 캠페인을 전개해왔습니다. 토스카니는 제품을 광고하는 것이 아니라 사형 제도·에이즈·인종차별·동성애 등 사회 이슈를 파격적인 방식으로 표현한 광고를 선보여 여러 차례 논란의 중심에 섰습니다. 에이즈로 병상에 누워 죽어가는 남자와 그의 가족들을 보여준 사진이 대표적입니다. 이 사진은 에이즈 환자라면 무조건 기피하던 시대에 그들의 인권과 에이즈라는 병을 진지하게 생각해볼 수 있는 계기가 되었습니다.

베네통은 유고슬라비아 내전으로 사망한 보스니아 병사의 피투성이 군복, 탯줄이 붙어 있는 신생아, 죽음을 기다리는 사형수, 흑인 여성에게 안겨 젖을 먹는 백인 아기, 백인·흑인·황인이라는 설명이 붙은 비슷한 3개의 심장, 기름에 흠뻑 젖은 물새 등을 슬로건이나 카피 없이 이미지만 보여주는 광고를 잇따라 선보였습니다. 토스카니가 내놓은 광고들은 설명 없이도 도발적인 메시지를 담아내며 전 세계에 베네통을 효과적으로 알렸습니다.

'언헤이트unhate' 캠페인 시리즈는 서로 미워하지 말자는 메시지를 전달하기 위해 불편한 관계에 있는 국가와 종교 지도자들

베네통은 '백인', '흑인', '황인'이라고 써진 3개의 심장을 보여줌으로써 피부색에 따른 인종차별을 지적했습니다.

이 입을 맞추는 사진을 합성했습니다. 이명박 전 대통령과 김정일 북한 국방위원장, 오바마 전 미국 대통령과 후진타오胡錦濤 전 중국 주석, 앙겔라 메르켈Angela Merkel 독일 총리와 니콜라 사르코지Nicolas Sarkozy 전 프랑스 대통령, 교황과 이슬람 이맘imam 이 키스하는 사진을 합성해 패션과 정치를 연결하는 시도를 하기도 했습니다. 베네통 광고는 유네스코 · 네덜란드 · 일본에서 창의적인 광고상을 받기도 한 반면 영국의 광고 심의 기관에는 1991년 한 해 동안 800건에 달하는 불만 사항이 접수되어 2000년 『기네스북』에 '논란거리 광고'로 등재되기도 했습니다.

## 공익광고인가 상업광고인가

베네통은 파브리카Fabrica라는 커뮤니케이션 센터를 중심으로 광고를 만들고 있습니다. 파브리카에서 지속적으로 제안하는 것은 인종차별·문맹·에이즈·야생동물 보호 같은 전 지구적 이슈를 활용한 광고입니다. 베네통은 광고에서 제품 소개를 거의 하지 않는 대신 사회 이슈를 환기하는 공익광고적 성격이 두드러집니다.

이러한 광고를 하는 것은, 베네통이 젊고 진보적인 중상위 계층을 타깃으로 하는 후발주자이기 때문입니다. 젊고 진보적인 중상류 계층의 행동 특성 중 하나는 관심 분야가 넓고 전 지구적이라는 점입니다. 이들에게 어필하려면 1차원적인 제품 소개보다는 그들의 관심사에 부합한 주제를 부각하는 편이 현명합니다. 베네통은 사회적 이슈를 광고에 담는 전략으로 젊고 진보적인 소비자에게 같은 비전을 공유하고 있다는 일종의 동류의식을 심는 데 성공했습니다.

2012년 4월 퇴임한 루치아노 베네통은 회사의 부활을 위해 2017년 12월, 82세의 나이에 기업 총수로 복귀하면서 17년 만에 토스카니를 아트 디렉터로 다시 불러들였습니다. 두 사람이 힘을 합쳐 내놓은 2018년 가을 광고 캠페인은 다양한 인종의 남녀 누드모델이 팔짱을 끼고 있는 장면으로, 주제는 '통합'입니다. 두 사람의 협업이 매출 하락과 함께 명성을 잃은 베네통

백인과 흑인 동성 커플이 동양인 아이를 입양한 모습을 보여준 베네통의 1991년 광고입니다. 동성 가정은 물론 동성애 자체가 낯설던 시기였기에 논란을 불러일으켰습니다. 베네통은 젊고 진보적인 고객들이 관심을 가질만한 이슈를 제시하는 방식으로 브랜드를 알렸습니다.

의 브랜드를 재건할 수 있을지 궁금합니다.

## 청바지의 창조적 혁신

베네통이 사회 이슈를 직설적이고 강렬한 이미지로 담아낸다면 이탈리아 캐주얼 패션 브랜드 디젤Diesel은 인종차별, 성소수자 차별, 빈부 격차, 성공한 자들의 위선 같은 사회문제를 블랙코미디 형식으로 담아내 이미지를 부각하는 데 성공했습니다.

디젤이라는 이름은 디젤이 처음 제품을 출시한 1978년, 오일 쇼크로 비싼 휘발유 대신 디젤을 사용하게 된 것에 착안해 지은 것입니다. 디젤의 창립자 렌초 로소Renzo Rosso는 자신이 제작한 프리미엄 청바지가 기존 제품의 창조적 대안이 되길 꿈꾸며 브랜드명을 디젤이라 지었다고 하지요. 디젤은 독자적 워싱 기술을 바탕으로 한 다양한 프리미엄 청바지 외에도 가죽 제품·선글라스·장식품·향수 등을 선보이고 있습니다.

디젤은 사회적 메시지에 풍자와 해학을 곁들인 파격적 광고로 주목받으며 젊은층의 사랑을 받았습니다. 창업자 로소의 철학은 '바보가 되라'입니다. 똑똑한 사람은 행동보다 비판이 앞서고 계획적으로 움직이지만, 바보는 가능성을 보고 실패를 두려워하지 않고 용감하게 새로운 것을 받아들인다는 뜻입니다. 청바지 제작자에 불과했던 로소가 성공적인 글로벌 브랜드 CEO로 우뚝 서게 된 것도 바보스럽다고 할 정도로 무모한 도전과 실험 덕분이었습니다. 1986년 디젤이 미국 시장에 진출했을 때 '청바지는 저렴한 캐주얼웨어'라는 통념을 깨고 가장 비싸게 팔리던 랄프로렌 청바지보다 2배 이상 비싼 가격을 매겨 고급 부티크 매장에서 판매했습니다. 그 결과 디젤은 2년 만에 10배 이상의 판매 수익을 올렸습니다.

## 디젤의 블랙코미디

디젤은 1990년대부터 본격적으로 글로벌 광고 캠페인을 전개했습니다. 당시 광고는 제품을 강조하는 것이 일반적이었는데, 디젤은 제품 홍보보다 그들의 문화와 철학을 전파하는 데

나를 이해하는 몇가지 방법

주력했습니다. 모험적이고 파격적인 광고는 젊은층의 열렬한 지지를 받으며 전 세계에서 인기를 얻었습니다.

디젤은 첫 번째 캠페인 시리즈인 '성공적인 삶을 위한 가이드 guides to successful living'에서 '하루에 담배 145개비를 피우는 방법', '약으로 인생을 손쉽게 살 수 있는 방법' 등을 보여주며 우회적으로 담배와 의약품을 비판했습니다. 사진 한 장에 사회적·정치적 메시지를 블랙코미디 형식으로 풀어낸 이 광고는 1992년 칸 국제광고제에서 그랑프리를 수상했습니다.

디젤을 전 세계적으로 각인시킨 광고는 1993년 발표한 '성공적인 삶을 위해for successful living' 시리즈 중 하나인 '두 수병의 키스'입니다. 제2차 세계대전 종전의 기쁨을 표현한 사진으로 유명한 〈타임스 스퀘어의 대일 전승 기념일VJ-Day in Times Square〉을 패러디한 것으로, 두 수병이 껴안고 뜨거운 키스를 나누고 있습니다. 이 광고에는 성소수자의 입대를 거부한 미 해군을 비판하는 메시지가 담겨 있습니다. '두 수병의 키스'는 여러 매체에서 게재를 거부당하기도 했지만 전 세계 젊은이에게 디젤을 알리는 데 성공했습니다. 이 시리즈에는 벽난로와 크리스마스트리를 중심으로 선물을 풀어보며 즐거워하는 상류층 흑인 가족 뒤에 백인 집사가 서 있는 크리스마스 풍경도 포함되어 있습니다.

이 광고는 1997년 칸 국제광고제 텔레비전 부문 그랑프리를 수상했습니다.

2001년 칸 국제광고제 인쇄 부문 그랑프리를 수상한 '더 데

디젤은 알프레드 아이젠슈타트Alfred Eisenstaedt의 유명한 사진 〈타임스 스퀘어의 대일 전승 기념일〉을 패러디한 광고로 단번에 전 세계에 알려졌습니다.

일리 아프리칸the daily african'은 백인 중심의 세계 질서에 정면으로 도전하는 14편의 도발적인 광고로 구성되어 있습니다. 광고에는 트로피를 들고 있는 남자, 골프 클럽을 들고 있는 남자, 칵테일을 준비하는 여자 등 7명의 상류층 젊은이가 등장합니다. 이들은 모두 흑인입니다. 광고 왼쪽 상단에는 '데일리 아프리칸'이라는 가상 신문이 있는데, 머리기사는 "아프리카연합AU이 유럽에 재정 지원을 하기로 합의했다"입니다. 이 광고는 선진국 아프리카와 후진국 유럽이라는 상황을 설정해 고정관념에 도전장을 던졌습니다.

## 공익을 생각하는 브랜드로 자리매김하다

2007년의 '지구온난화에 준비되어 있는global warming ready' 시리즈에는 지구온난화 이후 바뀌어버린 미래 풍경이 등장합니다. 해수면 상승으로 뉴욕 맨해튼은 엠파이어스테이트빌딩 꼭대기까지 물이 차올랐습니다. 수면 위 도시를 배경으로 남녀 한 쌍이 빌딩 옥상에서 일광욕을 하고 있습니다. 런던 편에서는 한 여성이 빅벤과 런던탑 꼭대기만 물 위로 나온 런던에서 쇼핑을 마치고 쾌속정을 타고 가는 모습을 보여줍니다. 파리 에펠탑 주변은 야자수로 덮여 있고 베네치아의 산 마르코 광장에는 비둘기 떼 대신 알록달록한 열대 조류들이 사람들을 맞이합니다. 중국 편에서는 사막화로 모래에 파묻힌 만리장성을 바라보며 여성 관광객이 신발에 들어간 모래를 털고 있습니다.

지구온난화 이후의 세상이 황폐한 세상이 아니라 멋진 신세계라는 설정은 보는 사람을 어리둥절하게 만듭니다. 카피처럼 그들은 이미 '지구온난화에 준비가 되어 있는' 사람들이라서 그런 것일까요? 하지만 광고 전체를 보면 오해가 풀립니다. 앞서 말한 멋진 장면이 나오기 직전 기후온난화로 인한 자연재해를 보여줍니다. 그리고 "잠깐만요, 그렇다고 지구온난화가 우리의 삶을 멈추게 할 수는 없지요hold on, global warming cannot stop our lives"라는 카피와 함께 앞에서 소개한 이미지들이 나타나면서 일대 반전이 이루어집니다.

디젤의 '지구온난화에 준비되어 있는' 시리즈 중 런던 편입니다. 꼭대기만 남긴 채 물에 잠긴 런던을 배경으로 쇼핑을 마친 여성이 보트를 몰고 있습니다.

2008년 칸 국제광고제 인쇄 광고 부문에서 동상을 수상한 '라이브 패스트live fast' 광고는 시간에 쫓기며 일상을 살아가는 현대 도시인의 삶을 위트 있게 풍자했습니다. 화장을 하면서 달려가는 여성, 안고 있는 아기에게 파우더를 뿌리며 달려가는 젊은 엄마, 러닝 머신 위를 달리며 기도하는 남성 등의 이미지는 설명 없이도 웃음을 자아냅니다.

디젤의 광고들은 이처럼 사회적이고 전 지구적인 이슈를 냉소와 풍자로 담아냈습니다. 그렇게 해서 기성 가치관에 대한 저항을 표출하고 도전과 혁신이라는 브랜드의 정신을 알리는 데

다름을
이해하는
몇가지 방법

성공했습니다.

## '바보가 되라'

디젤 광고 속 모델들은 엉뚱하고 엽기적인 행동을 서슴지 않습니다. 금기에 도전하면서도 위트와 유머를 잃지 않는 모습에 사람들은 카타르시스를 느낍니다. 청춘의 반항 심리를 '쿨하게' 풀어낸 광고 캠페인 '바보가 되라be stupid'는 2010년 칸 국제광고제와 원쇼The One Show 광고제 옥외 부문에서 각각 그랑프리와 금상을 수상했습니다. 영국에서는 선정성 논란에 휩싸여 옥외 광고 금지 처분을 받기도 했지만, 이 일로 오히려 유명세를 탔습니다.

아프리카 초원, 뒤에서 금방이라도 사자가 달려들 기세인데 이를 모른 채 하의 속을 들여다보고 있는 비키니를 입은 여성과 사다리를 타고 올라가 담벼락의 CCTV를 향해 셔츠를 들어 올리는 여성의 사진에는 "똑똑이는 머리가 있지만 바보는 배짱이 있다"는 카피가 쓰여 있습니다. 길바닥에 눕힌 의자에 앉은 채로 바닥에 머리와 등을 대고 발은 벽을 디딘 남녀 모델의 사진 옆에는 "똑똑이는 비판하지만 바보는 창조한다"는 카피가 쓰여 있습니다. 한 남자가 두 다리 사이에 코끼리 코를 집어넣은 사진에는 "똑똑이는 대답을 갖고 있지만 바보는 흥미로운 질문을 갖고 있다"는 글귀가 있습니다. 이처럼 금기시되거나

디젤 '바보가 되라' 캠페인 중 하나입니다. 젊은이들의 도전과 반항 심리를 잘 보여준 캠페인으로 손꼽힙니다.

미친 짓으로 여기는 행동을 거침없이 보여주는 디젤의 광고들을 브랜드를 부각하며 소비자를 넘어 마니아를 만들어내는 데 성공했습니다.

### 글로벌 표준화냐, 현지화냐

한 연구 조사에 따르면 소비자들이 글로벌 브랜드를 선호하는 이유는 크게 3가지라고 합니다. 첫 번째는 품질 보증입니다. 소비자들은 글로벌 브랜드를 떠올릴 때 무엇보다도 믿을 수 있는 품질을 생각합니다. 두 번째는 글로벌 브랜드를 구매함으로써 세계인이라는 동질감을 느끼는 것입니다. 세 번째는 글로벌 기업이 환경 보전, 근로 환경 개선, 아동노동 근절 같은 이슈에 책임을 다하리라고 기대한다는 것입니다. 기후변화·동성애·인종차별 같은 전 지구적 이슈에 의견을 표명하는 베네통과 디젤의 광고 전략은 소비자가 글로벌 브랜드를 선호하는 이유와 절묘하게 맞아떨어집니다.

글로벌 기업의 마케팅 전략은 표준화와 현지화 2가지로 나눌 수 있습니다. 현지화 전략은 각국의 시장 환경, 경제 환경, 문화·사회 환경에 마케팅 포인트를 맞추려는 전략으로, 국가와 지역의 특수성에 따라 변화를 줍니다. 반면 표준화 전략은 각국의 마케팅 전략을 표준화하고 통일하는 전략입니다. 표준화 전략을 사용하면 비용을 절약할 수 있을뿐더러 기업 이미지를 동일하게 유지할 수 있습니다. 현지화 전략을 사용하면 각국의 상이한 규제에 맞출 수 있고, 문화적 차이를 고려해 소비자의 마음을 쉽게 사로잡을 수 있다는 장점이 있습니다. 하지만 현지화 전략과 표준화 전략이 늘 배타적인 것은 아닙니다. 국제적으로 이루어지는 기업광고나 브랜드 광고의 주제는 본사가 결정해서 통일하고, 그 밖의 것은 현지 회사에 일임하는 식으로 광고 캠페인을 진행하는 것이 보통입니다.

베네통과 디젤이 주제로 채택한 전 지구적 이슈는 지역 전통과 종교 같은 문화 장벽을 넘는 데 유용합니다. 하지만 이런 이슈들은 공익광고를 포함해 많은 매체에서 이미 다루었기 때문에 소비자들이 식상해할 수도 있습니다. 그 한계를 베네통은 색

채의 선명한 대비와 대담하고 직설적인 표현으로, 디젤은 반전
과 역발상에 풍자와 유머를 버무려 극복했습니다.

**참고 문헌**

강준만 외, 『우리도 몰랐던 우리 문화』(인물과사상사, 2014).
로빈 코언 · 폴 케네디, 박지선 옮김, 『글로벌사회학』(인간사랑, 2012).
마틴 J. 개넌, 최윤희 외 옮김, 『세계 문화 이해』(커뮤니케이션북스, 2002).
서은국, 『행복의 기원』(21세기북스, 2014).
스튜어트 홀, 임영호 편역, 『문화, 이데올로기, 정체성』(컬처룩, 2015).
에드워드 홀, 최효선 옮김, 『침묵의 언어』(한길사, 2013).
장피에르 바르니에, 주형일 옮김, 『문화의 세계화』(한울, 2014).
캐서린 하킴, 이현주 옮김, 『매력자본』(민음사, 2013).
Catherine Hakim, 『Honey Money』(Penguin, 2012).
클로테르 라파이유, 김상철 · 김정수 옮김, 『컬처코드』(리더스북, 2007).
폰스 트롬페나스 · 찰스 햄든터너, 포스코경영연구소 옮김, 『글로벌 문화경영』(가산출판사, 2014).
필 우드 · 찰스 랜드리, 이석현 외 옮김, 『문화공생의 도시디자인』(미세움, 2013).
헤이르트 호프스테더 · 헤르트 얀 호프스테더 · 미카엘 민코프, 차재호 · 나은영 옮김, 『세계의 문화와 조직』(학지사, 2014).
Geert Hofstede, 『Culture's Consequences』(Sage, 2001).

# 문화코드로 읽는 지구

ⓒ 김세원, 2019

초판 1쇄 2019년 3월 15일 펴냄
초판 2쇄 2019년 12월 20일 펴냄

지은이 ㅣ 김세원
펴낸이 ㅣ 강준우
기획·편집 ㅣ 박상문, 김소현, 박효주, 김환표
디자인 ㅣ 최진영, 홍성권
마케팅 ㅣ 이태준
관리 ㅣ 최수향
인쇄·제본 ㅣ (주)삼신문화

펴낸곳 ㅣ 인물과사상사
출판등록 ㅣ 제17-204호 1998년 3월 11일

주소 ㅣ 04037 서울시 마포구 양화로7길 4(서교동) 2층
전화 ㅣ 02-325-6364
팩스 ㅣ 02-474-1413

www.inmul.co.kr ㅣ insa@inmul.co.kr

ISBN 978-89-5906-516-5 03300

값 15,000원

이 도서의 국립중앙도서관 출판예정도서목록(CIP)은 서지정보유통지원시스템 홈페이지
(http://seoji.nl.go.kr)와 국가자료공동목록시스템(http://www.nl.go.kr/kolisnet)에서
이용하실 수 있습니다. (CIP제어번호: 2019007636)